ERLÄUTERUNGEN UND DOKUMENTE

# Friedrich Hebbel
# Maria Magdalena

Von
Wolfgang Ranke



Philipp Reclam jun. Stuttgart

Hebbels *Maria Magdalena* liegt unter Nr. 3173 in Reclams Universal-Bibliothek vor. Die Seiten- und Zeilenangaben in den Erläuterungen beziehen sich auf diese 2002 auf der Grundlage der neuen amtlichen Rechtschreibregeln durchgesehene Ausgabe.

Universal-Bibliothek Nr. 16040

Gesamtherstellung: Reclam, Ditzingen. Printed in Germany 2003

ISBN 3-15-016040-5

www.reclam.de

# Inhalt

# I. Wort- und Sacherklärungen

## Vorwort zur *Maria Magdalena*

Schon der erläuternde Untertitel zeigt an, dass das Vorwort eine relativ selbstständige dramentheoretische Abhandlung (»betreffend das Verhältnis der dramatischen Kunst zur Zeit und verwandte Punkte«) ist. Nur im Schlussteil (S. 25–29) wird auf das nachfolgende Stück Bezug genommen. Friedrich Hebbel verfasste diesen Text nach Fertigstellung des Stücks in den ersten Monaten des Jahres 1844 in Paris. Wie aus den Dokumenten zur Entstehung (vgl. Kap. III) hervorgeht, war es Hebbels vornehmste Absicht, dem Lesepublikum, vor allem aber den Kritikern seiner bisherigen wie denen seiner künftigen dramatischen Werke, den hohen – »philosophischen« – Anspruch mitzuteilen, den er mit dramatischer Kunst allgemein und mit den eigenen Dramen insbesondere verband. Später hat sich Hebbel weitgehend distanziert von seinem Vorwort zur *Maria Magdalena*, auf dessen Programmatik er sich nicht länger festgelegt sehen wollte. In seinem letzten Lebensjahr behauptete er sogar, der damalige Pariser Gesprächspartner und eifrige Hegel-Leser Felix Bamberg (1820–1893) trage die Hauptverantwortung dafür: »[...] die Vorrede hat Felix Bamberg auf seinem Gewissen, der sie mir abpreßte, als ich die Besorgniß gegen ihn aussprach, daß man mein kleines Familienbild für eine Ifflandsche Nachgeburt erklären werde.« (Hebbel an Sigmund Engländer 23. 2. 1863; WBA IV,593 f.).

Viel beklagt und der Verständlichkeit heute wie damals abträglich sind zwei stilistische Eigentümlichkeiten des Textes, den Hebbel selbst einmal »ideenreich, aber zum Nachteil der Form zu sehr ins Enge gezogen« nannte (Tgb. 3277; W IV,698): die häufig durch Parenthesen überladenen hypotaktischen Satzkonstruktionen und die terminologische Vagheit insbesondere in den grundlegenden, weltanschaulich voraussetzungsreichen Passagen. Die sich daraus ergebenden Interpretationsprobleme müssen in den nachfolgenden Einzelerläuterungen ausgeklammert bleiben. Hebbel hat sich mit den im Vorwort verhandelten Problemen vielfach auch in seinen Tagebüchern auseinander gesetzt. Auf die Angabe solcher – echter oder vermeintlicher – ›Parallelstellen‹ wird hier weitgehend verzichtet. Nur dann, wenn aus einer Tagebuchnotiz ein wirklicher Verständnisgewinn für den Text des Vorwortes zu entnehmen ist, wird sie zitiert.

3,4 *Vorwort, womit ich meine Genoveva begleitete:* Hebbels *Genoveva. Eine Tragödie in fünf Akten*, entstanden 1840/41, erschien 1843. Im Vorwort heißt es: »Übrigens ist ein jedes Drama nur so weit lebendig, als es der Zeit, in der es entspringt, d.h. ihren höchsten und wahrsten Interessen, zum Ausdruck dient, und auch ich hoffe, trotz der aus dem Mythen- und Sagenkreise entlehnten Stoffe, in meiner Genoveva, wie in meiner Judith, der Zeit, wie ich sie in Bedürfnis, Richtung und Bewegung auffasse, ein künstlerisches Opfer dargebracht zu haben.« (W I,79) Auf diese Passage bezieht sich das Missverständnis des Rezensenten, auf das Hebbel später (vgl. 12,3ff.) genauer eingeht.

3,11f. *dialektischen Natur der Sprache:* Dialektik (griech.): die Kunst der Argumentation, durch Überwindung einander entgegengesetzter Meinungen zur Wahrheit zu gelangen. Hier gemeint ist der Sachverhalt, dass sprachliche Ausdrücke bzw. Behauptungen nur eine Bedeutung in einem bestimmten Kontext besitzen, die durch die jeweils verneinten Gegenbegriffe bzw. Gegenthesen zu ermitteln ist.

3,14 *Wechselbalg:* von bösen Geistern o.ä. unterschobenes, missgestaltetes Kind (nach mittelalterlichem Volksglauben).

3,24 *partiell-nationales:* nur den Teil einer bestimmten Nation vertretendes, nur für eine Nation repräsentatives.

3,28 *disjecti membra poetae:* (lat.) ›Glieder des zerstückten Dichters‹ (Horaz, *Satiren* I,4,62), hier analog auf die nur vorläufig und einseitig das ›Epoche machende Drama‹ vertretenden Gestalten des Dramas bezogen.

4,12 *Paganismus:* (lat.) Heidentum.

4,13 f. *Göttergestalten des Olymps:* Die griechischen Götter hatten nach der antiken Mythologie ihren Wohnsitz auf dem Olymp, einem Berg in Thessalien.

4,15 *Fatum:* (lat.) Schicksal.

4,19 *Ödip: Oidipus tyrannos* (*König Oedipus*), Tragödie des Sophokles (496–406 v. Chr.).

4,20 *Shakespeare'sche Drama:* Das dramatische Werk William Shakespeares (1564–1616), insbesondere dessen große Tragödien, wird in der Dramentheorie seit Ende des 18. Jahrhunderts, als Musterbeispiel des ›modernen‹ (neuzeitlichen) Charakterdramas der antiken ›Schicksalstragödie‹ entgegengesetzt. Daran knüpft Hebbel an.

4,21 *emanzipierte:* gab frei.

4,25 *Hamlet:* Titelheld von Shakespeares Tragödie *Hamlet, Prince of Denmark* (1602).

4,29 *Faust:* Tragödie in zwei Teilen (1808 und 1832) von Johann Wolfgang von Goethe (1749–1832).

4,30 f. *dramatisch genannten Wahlverwandtschaften:* Goethes Roman *Die Wahlverwandtschaften* (1809) ist Gegenstand einer großen Abhandlung des von Hegel beeinflussten Ästhetikers Heinrich Theodor Rötscher (1802–1871) – *Die Wahlverwandtschaften von Goethe in ihrer weltgeschichtlichen Bedeutung, ihrem sittlichen und künstlerischem Werthe nach entwickelt* (Berlin 1838) –, die Hebbel in Kopenhagen (1843) gelesen hat. Aus einem Brief von Felix Bamberg an Hebbel (31. 1.

1848; WBA I,1001) geht hervor, dass Rötschers Abhandlung hier gemeint ist, obgleich in dieser nur nebenbei einmal (S. 147) Goethes Roman mit dem antiken Drama verglichen wird. Bedeutsamer ist, dass Rötscher die Handlungsführung des Romans als Musterfall tragischer Konfliktgestaltung interpretiert.

4,33 f. *Dialektik unmittelbar in die Idee selbst hineingeworfen:* Klarer ist der gemeinte Sachverhalt in einer Tagebuchnotiz vom November 1843 ausgedrückt: »Das neue Drama, wenn ein solches zustande kommt, wird sich vom Shakespeareschen, über das durchaus hinausgegangen werden muss, dadurch unterscheiden, daß die dramatische Dialektik nicht bloß in die Charaktere, sondern unmittelbar in die Idee selbst hineingelegt, daß also nicht bloß das Verhältnis des Menschen zur Idee, sondern die Berechtigung der Idee selbst debattiert werden wird.« (Tgb. 2864; W IV,583)

4,35 *nur noch:* hier, wie oft bei Hebbel, im Sinne von ›nur erst‹.

5,4 *Calderón:* Pedro Calderón de la Barca (1600–1681), spanischer Dramatiker, dessen dramatisches Werk insbesondere von August Wilhelm Schlegel (1767–1845) als höchstes Beispiel des ›romantischen Schauspiels‹ demjenigen Shakespeares an die Seite gestellt worden ist.

5,8 *Das Leben ein Traum:* Originaltitel *La vida es sueño* (1635), Comedia von Calderón.

5,23 *Zergliederer:* deutsche Übersetzung von ›Anatom‹.

5,24 f. *das anatomische Theater:* anatomischer Hörsaal.

5,30 *Hauptfrage des Romans:* Offenbar setzt Hebbel im Anschluss an Rötschers Abhandlung (vgl. Anm. zu 4,30 f.) voraus, dass es Goethe in den *Wahlverwandtschaften* um die Frage der Ehe als fundamentaler sittlicher Institution ging. Darauf deutet auch eine Tagebuchnotiz vom Januar 1848 hin: »In Goethes Wahlverwandtschaften ist doch eine Seite abstrakt geblieben, es ist nämlich die unermeßliche Bedeutung der Ehe für Staat und Menschheit wohl räsonierend angedeutet, aber nicht im Ring der Darstellung zur Anschauung gebracht worden […].« (Tgb. 4357; W V,11)

6,22 *Dissonanzen:* (lat.) Missklänge.

6,32 *Institutionen:* (lat.) feste Einrichtungen des menschlichen bzw. gesellschaftlichen Zusammenlebens. Vgl. Hebbels differenzierenden Hinweis (11,14f.) auf die ›politischen, religiösen und sittlichen Institutionen‹.

6,34f. *Sittlichkeit und Notwendigkeit:* Die von Hebbel behauptete Identität der beiden Kategorien ergibt sich aus der metaphysischen Bedeutung von ›Sittlichkeit‹ (vgl. 3,19f.). Institutionen sollen allein auf sittliche Notwendigkeit gegründet sein.

7,6 *Kant:* Immanuel Kant (1724–1804), berühmtester deutscher Philosoph der Aufklärung, hat durch seine kritische Philosophie (Widerlegung der Hauptsätze der traditionellen Metaphysik und rationale Neubegründung der Ethik) traditionalen und religiösen Legitimationsansprüchen weitgehend den Boden entzogen.

*Spinoza:* Baruch (Benedict) de Spinoza (1632–1677), in Holland wirkender jüdischer Philosoph portugiesischer Abstammung, übte durch die aus seiner (religionskritischen) Philosophie ablesbare pantheistische Weltanschauung Einfluss auf Goethe und die romantische Naturphilosophie aus.

7,12 *Äschylos, Sophokles, Euripides:* Die drei berühmtesten attischen Tragiker aus dem 5. Jahrhundert v. Chr. (525–456 bzw. 496–406 bzw. 485/480–406 v. Chr.).

7,13 *Aristophanes:* attischer Komödiendichter (445–385 v. Chr.).

7,36 *Spadille:* höchster Trumpf im L'hombre-Spiel (Pik-As).

8,12 *perfide:* (lat., frz.) unredlich, tückisch, hinterlistig.

8,15 *akkommodierend:* (lat., frz.) angleichend, anpassend.

8,28 *Farbenbrett:* Farbenmischbrett des Malers (Palette).

8,33 *hudeln:* (transitiv gebraucht) jemanden schlecht behandeln, hänseln, zurechtweisen.

8,36 *Karfunkel:* roter Edelstein (spätmittelalterliche Bildung aus lat. *carbunculus* ›kleine glühende Kohle‹).

9,7 *Anekdoten:* Geschichten, Begebenheiten, Ereignisfolgen (von Hebbel durchweg nicht als Bezeichnung für eine Textgattung gebraucht, vgl. 12,1 und 18,31 f.).

9,12 *Thespis:* attischer Tragiker um 540 v. Chr., antiker Überlieferung nach Begründer der attischen Tragödie. Von Horaz stammt die Nachricht vom ›Thespiskarren‹, der als Bezeichnung für Wanderbühnen sprichwörtlich wurde.

9,13 ff. *Nur wo ein Problem vorliegt ...:* Vgl. zum folgenden Gedankengang Hebbels Brief an Auguste Stich-Crelinger 23. 1. 1844 (Tgb. 3003; zit. in Kap. IV,75 ff.).

9,24 *Paroxysmen:* (griech.) heftige Anfälle, höchste Steigerungen einer Krankheit.

10,9 *allegorisches:* sinnbildlich verschlüsseltes, gleichnishaftes.

10,10 f. *nicht an die philosophische ... Dialektik:* vgl. Hebbels Tagebuchnotiz vom 19. 12. 1843: »Der Dichter, wenn er anders wirklicher Dichter ist, wenn seine Stärke nicht gerade in Gnomen und Sentenzen liegt, wird die Ideen immer nur dialektisch und zwar in dem Sinne, worin Welt und Leben selbst dialektisch sind und jede Erscheinung unmittelbar in und durch sich selbst ihren Gegensatz hervorruft, aussprechen [...].« (Tgb. 2947; W IV,612)

11,10 f. *Man denke an ... Lenz, an Hölderlin, an Grabbe:* Das poetisch produktive Leben der Dichter Jakob Michael Reinhold Lenz (1751–1792), Friedrich Hölderlin (1770–1843) und Christian Dietrich Grabbe (1801–1836) endete jeweils in geistiger Umnachtung.

11,18 *Superfötation:* Überbefruchtung.

11,19 *Arabeskenwesen:* ornamentale Dekoration. Arabeske: Rankenornament, in der islamischen Kunst vorherrschend (daher die ursprüngliche Bedeutung: arabische Figur).

11,22 *Dramen als künstlerische Opfer der Zeit:* vgl. Anm. zu 3,4.

12,3 *Der erste Rezensent:* Karl Gutzkow (1811–1878), Schriftsteller und Journalist, ehemals führender Kopf der nunmehr zerstrittenen Gruppe des Jungen Deutschland, seit 1837 in Hamburg Redakteur von Campes Zeitschrift *Telegraph für Deutschland*, in der die Rezension (Nr. 204, Dezember 1842) erschien.

12,6 *Zeitungspoetik:* Gutzkow hatte in seiner Rezension, auf Hebbels Vorwort Bezug nehmend, u.a. geschrieben: »Wie konnte Fr. Hebbel der Majestät des Dichters soviel vergeben, daß er der Zeitpoetik unserer Tage die Concession machte, und eingestand, auch in den Leiden der armen Genoveva Zeitbedürfniß, Zeitrichtung, Zeitbewegung erstrebt zu haben? Der Eindruck der obigen Verwahrung ist um so betrübender, als die darauf folgende Tragödie ihr keineswegs entspricht. Dank den Musen, sie treten in diesem Drama nicht mit Zeitungsblättern auf.« (Zit. nach Wütschke 1910, S. 15)

12,8 *Epigrammatie:* satirischer Zeitbezug; abgeleitet von »Epigramm« (griech.; ›Aufschrift‹): literarische Gattung mit satirischem Gehalt.

12,14 *lakonisch:* (griech., lat.) wortkarg, knapp, in ›schlagender Kürze‹ gesagt.

12,16 *ganz andere Zeitpoesie:* Hebbel bezieht sich im folgenden vornehmlich auf die seit 1840 mit großem Publikumserfolg hervortretende politische Lyrik des Vormärz. Die erfolgreichsten, zwischen 1840 und 1843 erschienenen Sammelpublikationen von Zeitgedichten stammen von August Heinrich Hoffmann von Fallersleben (1798–1874), Franz Dingelstedt (1814–1881) und Georg Herwegh (1817–1875).

12,19 *Hitzblatter:* durch Fieber verursachter blasiger Hautausschlag.

12,30 *Kontroversen:* (lat.) Gegenreden, Auseinandersetzungen, Meinungsverschiedenheiten.

13,2 *Lieben Leute:* Anrede (veraltete Form des Vokativs).

13,10 *Juvenal:* Decimus Junius Juvenalis (um 60 – um 130 n. Chr.), wirkungsgeschichtlich bedeutender römischer Satiriker.

13,14 ff. *Als Goethe ...:* Anlässlich einer Gedichtsammlung des schwäbischen Dichters Gustav Pfizer (1807–1890) hatte Goethe im Brief an Zelter vom 4. 10. 1831 geschrieben: »Das Werklein ist an Uhland dedicirt und aus der Region worin dieser waltet möchte wohl nichts aufregendes, Tüchtiges, das Menschengeschick Bezwingendes hervorgehen.« (Weimarer Ausgabe Abt. IV, Bd. 49, S. 102) Hebbel hatte Goethes Briefwechsel mit Zelter bereits 1836 in Heidelberg gelesen und sich das Zitat (vgl. Tgb. 239) notiert.

13,15 *der Uhland'schen:* Ludwig Uhland (1787–1862), spätromantischer schwäbischer Dichter (Lyriker und Dramatiker), war auch als Germanist tätig und vorübergehend Landtagsabgeordneter; er galt als Haupt der schwäbischen Dichterschule (vgl. Anm. zu 13,36–14,1).

13,32 f. *den Goethe selbst ... modifizierte:* In Johann Peter Eckermanns (1792–1854) Aufzeichnungen eines Gesprächs mit Goethe im März 1832 heißt es: »Gleicherweise tadelte Goethe die von andern so sehr gepriesene politische Richtung in Uhland. ›Geben Sie acht‹, sagte er, ›der Politiker wird den Poeten aufzehren. [...] Mit seinem Gesange wird es aus sein, und das ist gewissermaßen zu bedauern. Schwaben besitzt Männer genug, die hinlänglich unterrichtet, wohlmeinend, tüchtig und beredt sind, um Mitglied der Stände zu sein, aber es hat nur Einen Dichter der Art wie Uhland.‹« (Goethes Gespräche. Hrsg. von W. v. Biedermann, Leipzig 1889–96, Bd. 8, S. 140 f.).

13,36–14,1 *»schwäbische Schule«:* spätromantischer Dichterkreis, dem neben Ludwig Uhland (vgl. Anm. zu 13,15) insbesondere Justinus Kerner (1786–1862), Gustav Schwab (1792–1850), Gustav Pfizer (vgl. Anm. zu 13,14 ff.) und Karl Mayer (1786–1870) zuzurechnen sind. Zeitweise gesellte sich auch der Nicht-Schwabe Nikolaus Lenau (1802–1850) dazu. Nach dem Erscheinen von Heinrich Heines *Romantischer Schule* (1835) war das Verhältnis zwischen dessen Anhängern und den schwäbischen Dichtern von zunehmender Polemik gekennzeichnet. Hebbel hatte bereits 1837 in München in den *Neuen Reisenovellen* (Bd. 2, Mannheim 1837, S. 299–305) des Heine-Freundes Heinrich Laube (1806–1884) eine spöttische Kritik der ›Schwäbischen Schule‹ – unter Verwendung des Goethe-Worts an Zelter (vgl. Anm. zu 13,14 ff.) – gefunden, aus der er sich Auszüge gemacht hat (Tgb. 941). Vgl. auch Hebbels scharfe Kritik an Gustav Schwab im November 1838 (Tgb. 1324).

14,3 *schwäbischer Dichter:* Gustav Pfizer, vgl. Anm. zu 13,14 ff.

14,28 *Kerner:* Justinus Kerner (1786–1862), mit Uhland befreundeter schwäbischer Dichter und Arzt mit Interessen an parapsychologischen und okkulten Phänomenen. Hebbel hatte Kerners *Die Seherin von Prevorst. Eröffnungen über das innere Leben der Menschen und über das Hereinragen einer Geisterwelt in die unsere* (1829) während seiner Münchner Studienzeit (1836/37) mit skeptischer Faszination gelesen (vgl. Tgb. 389, 650, 659).

15,3 *Glossarium:* (griech., lat.) Sammlung von Glossen (Wort- und Texterklärungen).

15,22 *berühmter Schauspieler:* Karl Seydelmann (1793–1843), wirkte am Berliner Hoftheater.

15,26 *Szenarium:* Skizze der Szenenfolge und des Handlungsablaufs für die Schauspieler im Stegreifspiel.

15,27 *extemporierend:* aus dem Stegreif (lat. *ex tempore* ›aus dem Zeitabschnitt‹) spielend bzw. sprechend.

16,22 *Manifestation:* das handgreiflich (lat. *manifestus*) Sichtbarwerden von etwas Bestimmtem.

16,33 *mimische:* hier: schauspielerische.

17,1 *Konvenienz:* (lat.) Übereinkunft, das (jeweils) Schickliche, Zuträgliche.

18,6 *Evidenz:* (lat.) unmittelbare Gewissheit.

18,17 *Fasson:* (frz.) Form, Gestalt.

18,26 *dualistischen:* polar entgegengesetzten.

19,3 ff. *Standpunkt der Kunst nicht als ein überwundener …:* Bezieht sich auf eine These Georg Wilhelm Friedrich Hegels (1770–1831) aus der Einleitung von dessen postum (1835) veröffentlichten *Vorlesungen über die Ästhetik*, die Hebbel 1842 in Kopenhagen studierte. Hegel behauptet dort, die Ausdrucksform der Kunst habe in der christlichen Neuzeit – im Gegensatz zur griechischen Antike – aufgehört, »das höchste Bedürfnis des Geistes« zu sein. Dieses werde stattdessen nunmehr von Religion und Philosophie befriedigt. Mit Hegels These setzt sich Hebbel mehrfach auseinander (vgl. Tgb. 3290, 3943). Die Selbstbehauptung gegen eine derartige Zurückstufung des eigenen Anspruchs als Künstler kennzeichnet Hebbel in späteren Briefen (an Adolf Stern, 6. 9. 1861; an Adolf Strodtmann, 3. 3. 1862) als ein zentrales Motiv für die Abfassung des Vorworts zu *Maria Magdalena.*

19,7 *sogenannten ironischen Einfall:* Bezieht sich karikierend auf das frühromantische Kunstverständnis (bes. Friedrich Schlegels Konzeption der ›romantischen Ironie‹) und folgt darin den diesbezüglich mehrfach abfälligen Urteilen Hegels.

19,19 *Hieroglyphen:* (griech.) heilige Schriftzeichen (der altägyptischen Bilderschrift), auch allgemein als Bezeichnung für schwer verständliche Zeichen verwendet.

19,22 *realisierte Philosophie:* ›realisiert‹ hier im Sinne von ›verkörpert‹. Vgl. Hebbels Tagebuchnotiz aus seiner

Münchner Zeit (März 1838): »Wenn es wirklich in der Kunst nur auf eine gehaltreiche Idee und auf ihren lebhaften Ausdruck durch ein illuminierendes Bild ankommt, nicht auf die Verkörperung derselben, woher nimmt denn z.B. die griechische Tragödie ihre Würde und ihre Bedeutung? Die Idee, welche ihr zum Grunde liegt, ist von den Philosophen würdig genug ausgesprochen und bis an ihre äußersten Grenzen verfolgt, bis in ihre Nerven und ihr Herz zerlegt worden; warum hält man sich denn nicht an den reinen Kern, sondern beißt lieber auf die Schalen, worin Aeschylos, Sophokles und Euripides ihn verhüllt haben?« (Tgb. 1024; W IV,193 f.)

20,1 ff. *in der Kunst ... Gipfelpunkt erblickt:* Möglicherweise denkt Hebbel hierbei an Friedrich Wilhelm Josef Schelling (1775–1854), der sein *System des transzendentalen Idealismus* (1800) mit der These beschließt, »daß die Kunst das einzige wahre und ewige Organon zugleich und Dokument der Philosophie sei« (*Sämtliche Werke*, Stuttgart/Augsburg 1856, Bd. III, S. 627). Hebbel ist in seiner Münchner Zeit Hörer von Schellings Vorlesungen gewesen und dürfte sich auch mit dessen publizierten Werken beschäftigt haben.

20,4 *jede formale:* ergänze: Philosophie. Hebbel setzt hier eine lediglich begriffs- und sachanalytisch verfahrende Philosophie der zuvor genannten ›schöpferischen und ursprünglichen‹ (19,33 f.) – d.h. spekulativ konstruierenden – Philosophie (des nachkantischen Idealismus) entgegen.

20,9 *Anthropologie:* (griech.) Wissenschaft vom Menschen.

20,15 *Chiffre:* (frz.) Zeichen einer Geheimschrift.

20,25 *Kopula:* (lat.) Verknüpfung.

20,29 *Merkur:* römischer Gott des Handels.

20,31 *Sentenzen:* Sinnsprüche, knapp formulierte Urteile (lat. *sententia* ›Meinung‹).
*Gnomen:* (griech.) knapp formulierte Lebensweisheiten.

21,5 f. *Kants famosen Ausspruch in der Anthropologie ...:* Hebbel bezieht sich auf Kants *Anthropologie in pragmatischer Hinsicht* (1798), § 38. Wörtlich zitiert Hebbel die entsprechende Textstelle im Tagebuchnotat vom 21. 2. 1841: »Laut lachen mußte ich, als ich eben in Kants Anthropologie folgendes las: ›Die alten Gesänge haben vom Homer an, bis zum Ossian, oder von einem Orpheus bis zu den Propheten, das Glänzende ihres Vortrags bloß dem Mangel an Mitteln, ihre Begriffe auszudrücken, zu verdanken.‹« (Tgb. 2276; W IV,428)

21,6 *der Alte vom Berge:* bildlicher Ausdruck für: Haupt einer Weisheitsschule. (Zuerst gab sich den Titel Hassan ben Sabbah, der Gründer der Sekte der Assassinen.)

21,19 *Ein Wort über das Drama:* Hebbels kurze dramentheoretische Abhandlung dieses Titels war im Januar 1843 im Stuttgarter *Morgenblatt* (25. und 26.1.) erschienen. Nachdem der dänische Dichter und Literaturkritiker Johan Ludvig Heiberg (1791–1860) sie scharf kritisiert hatte, veröffentlichte Hebbel im Juli 1843 die gleiche Schrift, ergänzt um eine umfangreiche kritische Auseinandersetzung mit Heiberg, ein zweites Mal, jetzt unter dem Titel *Mein Wort über das Drama! Eine Erwiderung an Professor Heiberg in Kopenhagen* bei Hoffmann und Campe in Hamburg.

22,4 *Nomenklatur:* (lat.) Namenverzeichnis.

22,4 f. *bis auf die Alexander und Napoleone:* bis auf die welthistorisch bedeutendsten Personen wie z.B. Alexander der Große und Napoleon I.

22,5 f. *Völkerphysiognomieen:* (jeweils spezifische) Erscheinungsbilder der Völker.

22,10 *Lyrici:* lateinische Form für ›Lyriker‹.

22,17 *Baken:* feste Seezeichen (Signalzeichen für Schiffe).

22,27 ff. *Endlich freilich ...:* Zum folgenden Gedankengang vgl. Tgb. 1995, 26. 4. 1840.

23,5 *spezifizieren:* (mlat., frz.) im Einzelnen darlegen.

23,6 *Immortalitätsapparat:* Einrichtung für die Unsterblichkeit (lat. *immortalitas*).

23,19 *Konglomerat:* (frz.) Gemisch aus sehr Verschiedenartigem.

23,21f. *Lessing'sche Ausspruch in der Dramaturgie:* Hebbel zitiert die gemeinte Passage aus dem 24. Stück der *Hamburgischen Dramaturgie* (1767–68) von Gotthold Ephraim Lessing (1729–1781) wörtlich im Februar 1839 in seinem Tagebuch (Tgb. 1502).

23,36 *Wilhelms des Eroberers:* Wilhelm I. (etwa 1027–1087), erster normannischer König von England (1066–1087).
*König Ethelreds:* Ethelred II., genannt ›der Unberatene‹, angelsächsischer König von England (978–1016).

24,5f. *Krieg der roten Rose mit der weißen:* Rosenkriege (1455–1485), Kämpfe zwischen den rivalisierenden Häusern Lancaster (rote Rose) und York (weiße Rose) um die englische Krone, von Shakespeare dramatisiert in der sogenannten ›York-Tetralogie‹: *Heinrich VI.* Teile 1–3, *Richard III.* (1589–93).

24,7f. *Person Richmonds:* Heinrich Tudor, Graf von Richmond (1456–1509), späterer König Heinrich VII. von England (1485–1509), besiegte Richard III. und vereinigte die Häuser Lancaster und York durch Heirat. In Shakespeares *Richard III.* Gegenspieler des Titelhelden.

24,13 *sogar im untergeordneten Sinn:* Vgl. die zu Beginn des Vorworts getroffene Unterscheidung zwischen »das höchste, Epoche machende« und ein »partiell-nationales« Drama (3,22ff.).

24,19 *Hohenstaufenbandwürmer:* Ende der 20er-Jahre des 19. Jahrhunderts setzte die Mode der Hohenstaufendramen ein, an der sich u.a. auch Karl Leberecht Immermann (vgl. Anm. zu 25,7f.) mit *Kaiser Friedrich II.* (1828) und Christian Dietrich Grabbe mit *Kaiser Friedrich Barbarossa* und *Kaiser Heinrich VI.* (beide 1829) beteiligten. Am bekanntesten war Ernst Raupachs (1784–1852) dem preußischen König Friedrich Wilhelm III. gewidmeter und unter dessen Protektion am Hoftheater in Berlin gespielter Zyklus *Die Hohenstaufen* (16 Stücke, 1829–37). Hebbels Bild des ›Bandwurms‹ bezieht sich allerdings nicht auf die Endlosproduktion dramatischer Zyklen, sondern auf den Beitrag der Hohenstaufenkaiser zur ›Krankheitsgeschichte‹ der deutschen Nation. (Vgl. Tgb. 2946, Dez. 1843).

24,26 *Progression:* (lat.) Fortschreiten, Weiterentwicklung (hier: der dramatischen Handlung).

24,29 *Walter Scott:* schottischer Autor (1771–1832) viel gelesener historischer Romane.

24,32 *Willibald Alexis:* eigentl. Georg Wilhelm Heinrich Haering (1798–1871), Autor zahlreicher historischer Romane in der Nachfolge Walter Scotts. Sein *Der falsche Woldemar* (3 Bde.) erschien 1842. Alexis hatte 1843 Hebbels Gedichte wohlwollend rezensiert. Hebbel seinerseits hoffte, Alexis für eine positive Stellungnahme zur Aufführbarkeit seiner *Maria Magdalena* in Berlin gewinnen zu können (vgl. Hebbel an Alexis, 15. 2. 1844).

25,1 f. *historischen Pragmatismus:* Geschichtsbetrachtung, die Ursachen und Wirkungen historischer Ereignisse erforscht und daraus Lehren ableitet.

25,7 f. *Bänkelsängerstab, vor dem Immermann … Scheu trug:* Karl Leberecht Immermann (1796–1840) wendet sich im Vorwort zu seinem *Trauerspiel in Tirol* (1827) gegen Dichter, die ihre Werke selbst deuten, und vergleicht diese mit Bänkelsängern.

25,11 *Judith:* Hebbels *Judith. Eine Tragödie in fünf Akten* wurde am 6. 7. 1840 am Berliner Hoftheater uraufgeführt und erschien 1841 im Druck bei Hoffmann und Campe.

25,13 f. *Verwirrung der Motive in der Heldin:* Im Unterschied zur biblischen Vorlage tötet Hebbels Judith

Holofernes erst, nachdem sie sich ihm (gezwungenermaßen, aber nicht ohne Faszination) hingegeben hat, sodass ein persönliches Rachemotiv zum göttlichen Auftrag in Konkurrenz tritt. Diese Abweichung von der biblischen Vorlage ist Hebbel von einigen Rezensenten vorgeworfen worden (vgl. Hebbels Brief an Elise Lensing, 10. 7. 1840).

25,31 f. *Gebundenheit des Lebens in der Einseitigkeit:* vgl. Tgb. 2926, 8. 12. 1843 (zit. in Kap. III,62).

26,1 *Tragisches:* Im Unterschied zum neutralen Begriffsgebrauch des 18. Jahrhunderts (tragisch = zur Tragödie gehörig) benutzt Hebbel den Ausdruck im Anschluss an die neuere Terminologie der Philosophie des Tragischen (tragisch = mit ›schicksalhafter‹ Notwendigkeit in den Untergang führend).

26,14 *resp.:* respektive (lat., frz.): beziehungsweise (hier vorangestellt).

26,23 *stöckige Borniertheit:* ungelenkige Beschränktheit.

26,26 f. *Malice:* (frz.) Bosheit, Tücke.

26,28 *Notabilitäten:* Berühmtheiten.

26,35 *Tropen:* Wendungen. In der Rhetorik Bezeichnung für einen in einem übertragenen (bildlichen) Sinn verwendeten Ausdruck.

27,6 *Konversieren:* (frz.) sich geistvoll unterhalten.

27,29 f. *der sogenannten Versöhnung:* Zur Frage der tragischen Versöhnung hatte Hebbel in Kopenhagen mehrfach Kontroversen mit dem dänischen Dichter Adam Gottlob Oehlenschläger (1779–1850). Dazu heißt es im Tagebuch (Januar 1843): »Daß die Tragödie die Wunden auf eine andere Weise heilt, als die Chirurgie, wird und kann er [Oehlenschläger] nicht zugeben, aber Shakesp. und Aeschylos sagen ja. Er will Versöhnung, die will ich auch; aber ich will nur die Versöhnung der Idee, er will die Versöhnung des Individuums, als ob das Tragische im Kreise der individuellen Ausgleichung möglich wäre!« (Tgb. 2634; W IV,522)

27,30 *Aesthetici:* Lehrer der Ästhetik (latinisierte Form).
27,36 *Embrassement:* versöhnende Umarmung (frz. *embrasser* ›umarmen, küssen‹).
28,6 *Ottilie der Wahlverwandtschaften:* Schon in München (Dezember 1838) hat Hebbel notiert: »In den Wahlverwandtschaften rettet dies die Hoheit des Weltgesetzes, daß Ottilie nur durch ihr herbes Schicksal in ihrer tiefsten Innerlichkeit erschlossen werden konnte.« (Tgb. 1389; W IV,258)
28,19 *Kattun:* Baumwollstoff.
28,26 f. *Beurteilern meiner Genoveva:* Von dem Schriftsteller Eduard Duller (1809–1853) stammt die Rezension in der Darmstädter Zeitschrift *Das Vaterland* (1843, Nr. 44 und 45), von dem Publizisten Theodor Althaus (1822–1852) die in den Leipziger *Blättern für literarische Unterhaltung* (25. und 26. 10. 1843). Besonders die zuletzt genannte Rezension, die Hebbel zunächst fälschlich Willibald Alexis zuschrieb, hat ihn zu Reflexionen angeregt (Tgb. 2946), die hier in der Vorrede ihren Niederschlag finden (24,9–20).

## *Maria Magdalena*

### Titel

Der Titel spielt an auf die biblische Erzählung von der ›Großen Sünderin‹ (Lk. 7,37–50), über die Jesus sagt: »Ihr sind viele Sünden vergeben, denn sie hat viel geliebt« (v. 47). Diese Sünderin wird nach alter kirchlicher Tradition mit Maria Magdalena gleichgesetzt. Die Schreibung ›Magdalene‹ im Erstdruck von 1844 ist ein Druckfehler, den Hebbel allerdings nicht beanstandet hat, sodass auch diese Schreibung in manchen Hebbel-Ausgaben zu finden ist.

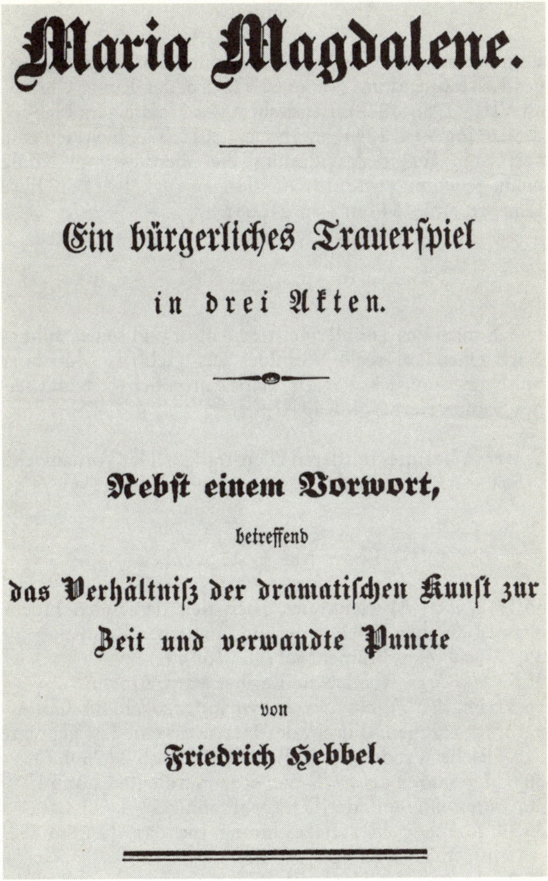

# Maria Magdalene.

Ein bürgerliches Trauerspiel

in drei Akten.

Nebst einem Vorwort,

betreffend

das Verhältniß der dramatischen Kunst zur Zeit und verwandte Puncte

von

Friedrich Hebbel.

Titelseite der Erstausgabe von 1844

## Widmung

Unmittelbarer Anlass für die Widmung war ein zweijähriges Reisestipendium von je 600 Talern, das König Christian VIII. (1786–1848), Landesherr des Holsteiners Hebbel, diesem im April 1843 gewährt hatte. Hebbel hielt den eilig verfassten Text der Widmung, die überdies vom König nicht genehmigt war, für misslungen (vgl. Brief an Elise Lensing, 7. 9. 1844 in Kap. III,68 f.).

## Personen

Die Namen des Tischlermeisters Anton und seines Sohnes Karl gehen auf reale Vorbilder aus Hebbels Münchner Studienzeit zurück: des Tischlers Anton Schwarz und seines Sohnes Karl (vgl. Kap. II).

*Sekretär:* Beamter mittleren Dienstranges. Der Vorname des Sekretärs ist – wie der des Autors – Friedrich (vgl. 74,3).

## Erster Akt. Erste Szene

35,14 *Kranz:* Myrtenkranz, nach den damaligen Hochzeitsbräuchen Zeichen der jungfräulichen Reinheit.
35,17 *Scherben:* Blumentopf (aus Ton).
35,23 *die alten Weiber:* die Leichenwäscherinnen.
36,5 f. *in der Furcht des Herrn aufgezogen:* in Gottesfurcht erzogen. ›Furcht des Herrn‹ ist eine fest geprägte biblische Wendung (vgl. Ps. 111,10; Hiob 28,28 u. a.).
36,6 *den sauren Schweiß:* den sauer verdienten Lohn.
36,7 *Pfenning:* mundartlich für ›Pfennig‹.
36,16 *Lohntag:* hier Bezeichnung für das ›Jüngste Gericht‹ (im christlichen Jenseits).
36,25 *himmlische Hochzeit:* Bild nach den Himmelreich-Gleichnissen Mt. 22,1–14 und Mt. 25,1–13.

36,26 *sieben Jungfrauen im Evangelium:* gemeint sind die fünf (!) törichten Jungfrauen, die sich nicht rechtzeitig auf die Ankunft des Bräutigams vorbereitet haben und daher nicht zur Hochzeit zugelassen werden, in dem Gleichnis Mt. 25,1–13.

## Zweite Szene

37,6 *impertinent:* unverschämt.
37,8 *Gulden:* Münze (urspr. aus Gold).
37,17f. *Fahnenstück:* Kleidungsstück, (›Fahne‹ urspr.: ein Stück Tuch).
37,18 *profitieren:* Nutzen ziehen, Vorteil haben.

## Dritte Szene

38,18f. *zur Ader gelassen:* Blut entnommen; alte Behandlungsmethode, besonders bei akuter Herzbelastung.
38,35 *gelitten:* geduldet.
39,2 *Schmollt ihr:* schweigt ihr verärgert (›schmollen‹ urspr.: den Mund verziehen).
39,10 *Docke:* Puppe (von mhd. *tocke* ›Bündel‹).
39,15f. *machten das Bier teuer:* trieben die Preise hoch (wegen ihres guten Verdienstes).
40,7f. *wer wohl der Erste ist, der ihr begegnet?:* Nach abergläubischer Vorstellung ist die erste auf einem wichtigen Weg begegnende Person von zeichenhaft vorherbestimmender Bedeutung.
40,13 *Nun danket alle Gott!:* Ein protestantisches Kirchenlied (um 1630) von Martin Rinckart.
40,18 *etwas schenken:* hier: ein Weihgeschenk machen. Vorausgesetzt ist die katholische Gelübde- und Votivgaben-Praxis.
40,34 *Messpfaff:* die Messe zelebrierender Priester.

## Vierte Szene

41,6 *Angezogen?:* zum Empfang korrekt gekleidet.

41,23 f. *dein Zahnweh von neulich:* Anspielung auf ein Unwohlsein Klaras im Zusammenhang mit ihrer Schwangerschaft.

41,27 *durch das letzte Band:* Anspielung auf Klaras Defloration und Schwängerung.

42,2 *Akademie:* wissenschaftliche Hochschule, Universität.

42,5 *Soldatenzeichen:* Barttracht; war besonders beim Militär üblich.

42,6 *Karikatur:* Zerrbild.

42,7 *des Gecken:* des eitlen Narren.

42,31 *mich überlief's:* mir wurde heiß und kalt.

43,13 *zu Hause kam:* ältere Form für ›nach Hause kam‹.

44,22 *Bestallung:* Einsetzung ins Amt.

44,24 *hier ist sie selbst:* gemeint ist die Urkunde über die Amtseinsetzung (›Bestallung‹).

45,3 *den Hof zu machen:* zu umwerben (mit Blick auf eine spätere Heirat).

45,16 f. *ohne Falsch, wie die Taube, … klug, wie die Schlange:* vgl. Mt. 10,16: »Siehe ich sende euch wie Schafe mitten unter die Wölfe; darum seid klug wie die Schlangen und ohne Falsch wie die Tauben.«

46,8 *Konkurs:* Einstellung aller Zahlungen wegen Zahlungsunfähigkeit (von lat. *concursus creditorum* ›Zusammenlaufen der Gläubiger‹).

## Fünfte Szene

46,20 f. *Ist's einem alten Manne erlaubt, …:* Der Kassierer Leonhard wird von Meister Anton als Vertreter der Obrigkeit, vor dem es sich ziemt, ohne Kopfbedeckung zu stehen, angesprochen.

46,25 *zur letzten Behausung:* zum Sarg.
46,28 *Küster:* Kirchendiener (von mlat. *custor* ›Hüter des Kirchenschatzes‹).
46,32 *Dirne:* hier in neutralem Sinn gebraucht für ›junges Mädchen‹ (›Jungfrau‹).
47,31 *die letzte Politur:* den letzten Schliff.
48,11 *in meinem Stuhl:* Meister Anton hat seinen eigenen festen Platz in der Kirche. Im 19. Jahrhundert war es durchaus üblich, feste Plätze in den Bankreihen der Kirche für ein bestimmtes ›Stuhlgeld‹ zu mieten. Männer und Frauen saßen getrennt.
48,33 f. *schwarzen Rock:* Kleidung des Geistlichen.
48,34 *blauen [Rock]:* Kleidung des Gastwirtes.
49,4 *Liturgie:* festgelegte Form des Gottesdienstes.
49,15 *Beinhaus:* Aufbewahrungsort der Gebeine auf Friedhöfen.
49,32 *auszuschmälen:* auszuschelten.
50,1 f. *verschimpfiert:* verunglimpft.
50,17 *Kräuterhändler:* abwertend für Apotheker.
50,23 *Klingen dir schon die Ohren?:* Redensart, entstanden aus der abergläubischen Vorstellung, dass einer Person die Ohren klingen, wenn über sie geredet wird.
50,29 f. *Ich trage einen Mühlstein … als Halskrause …:* Gemeint ist sinngemäß: ›Das schwere Schicksal, das andere in den Tod treibt, macht mich nur stärker.‹ Abgeleitet ist das verwendete Bild aus Mt. 18,6: »Wer aber ärgert dieser Geringsten *einen*, die an mich glauben, dem wäre besser, daß ein Mühlstein an seinen Hals gehängt und er ersäuft würde im Meer, wo es am tiefsten ist.«
51,2 f. *Er trommelt auf einer Kommode:* gestisches Zeichen; in der Kommode werden die Wertsachen aufbewahrt.
51,14 *die heiligen Erzväter:* lutherische Bezeichnung für die Patriarchen; nach biblischer Überlieferung die Stammväter des Volkes Israel, Abraham, Isaak, Jakob.

51,15 *Mahlschatz:* vertraglich vereinbarte Mitgift.
51,15f. *Jacob liebte die Rahel …:* vgl. 1. Mose 29,18ff.
51,19 *ihn rot machen:* ihn beschämen.
52,1 *Werwolf:* Mann, der zeitweilig Wolfsgestalt annimmt (Volksglauben), hier bildlich gemeint.
52,24 *ungeschickt:* hier: unausgebildet.
53,3 *ihr Rad:* ihr Spinnrad.
53,7 *Lehrgeld:* dem Meister für die Lehre zu zahlendes Entgelt.
53,15 *Adjes*: von frz. *à dieu* (›Gott empfohlen‹).
54,11f. *so viel Kinder, als dem Vater Abraham …:* vgl. 1. Mose 22,17: »daß ich deinen Samen segnen und mehren will wie die Sterne am Himmel und wie den Sand am Ufer des Meeres; […]«.
54,21f. *einen Riss ins Papier zu machen:* den Schuldschein ungültig zu machen.

## Sechste Szene

54,32 *apart:* (frz.) besonders.
55,34 *Tort:* (frz.) Kränkung, Unrecht.
56,6 *König Saul:* nach biblischer Überlieferung erster König des Volkes Israel, von dem es (1. Sam. 9,2) heißt, er habe alle um Hauptes Länge überragt.
56,28 *Sekretär:* Schreibpult.
57,5 *Ordre:* (frz.) Befehl, Auftrag.
57,16 *bosseln:* Kegel schieben (Bossel: Kegelkugel).

## Siebente Szene

57,31 *Leute im roten Rock:* Gerichtsdiener (vgl. Anm. zu 69,30ff.).
58,7 *herauspraktiziert:* insgeheim wegschafft.
58,34 *Wer weiß, ob die Tochter nicht –:* analog zu ergän-

zen: ›gegen die Sittsamkeit verstoßen hat‹ (wie der Sohn gegen die Ehrlichkeit).

59,7f. *seit er im Wirtshaus sein Glas –:* vgl. II,3 (69,26ff.).

59,25 *Bist du –:* sinngemäß zu ergänzen: ›bereits verführt worden?‹

59,27 *Suchet, so werdet ihr finden!:* vgl. Mt. 7,7.

60,9 *werde – du verstehst mich wohl:* sinngemäß ist zu ergänzen: ›werde du eine Hure‹ (o.ä.).

60,18 *Spießruten laufen:* ursprünglich Strafe beim Militär, hier: sich dem Spott und der Häme der Leute aussetzen.

## Zweiter Akt. Erste Szene

61,12f. *wilder Schierling:* Giftpflanze mit lähmender Wirkung auf die Atemwege. Schon im antiken Athen zur Vollstreckung von Todesurteilen benutzt (Sokrates' Schierlingsbecher).

61,19 *Nur einer darf …:* Meister Anton meint sich selbst.

61,31 *sich selbst köpft:* bildlich für: verrückt wird.

61,32 *Der meinige muss …, sonst –:* zu ergänzen: ›wäre ich schon verrückt geworden‹.

62,35 *Hippe:* Sichelmesser; Attribut des Todes.

63,7 *Gaukler:* Jahrmarktskünstler, der mit Tricks und Täuschungen arbeitet.

63,12 *Mikroskop:* optisches Gerät zur Betrachtung sehr kleiner Gegenstände in sehr starker Vergrößerung.
*Kantor:* (lat.) Lehrer, zugleich musikalischer Leiter des Gottesdienstes.

63,33 *Bankerottierer:* ältere Form für Bankrotteur (von ital. *banco rotto* ›zerbrochene Bank‹): jemand, der seine Zahlungsunfähigkeit anmelden muss.

63,35 *Invaliden:* hier: kraftlosen alten Mannes (›Invalide‹: jemand, der unfähig zu Arbeit und Kriegsdienst ist).

63,36 *Schelm:* Erzbetrüger (wüstes Schimpfwort, heute abgemildert).

64,25 *Gaudieb:* Gauner.

64,31 f. *seit acht Tagen*: Dieser Zeitangabe nach spielt der zweite und dritte Akt eine Woche später als der erste (vgl. auch 73,9 f.; 82,12). Dem widerspricht der Umstand, dass der erste Akt an einem Sonntag spielt (37,7), der zweite und dritte hingegen an einem Donnerstag (87,25).

65,3 *des Erzvaters:* Adam; Urvater der Menschen, eigentlich nicht Erzvater im engeren Sinn (vgl. Anm. zu 51,14).

65,5 *Kain:* erstgeborener Sohn Adams, erschlug seinen Bruder Abel (1. Mose 4).

65,31 *Advokaten:* (lat.) Rechtsanwalt.

66,4 f. *Mann mit der goldenen Kette:* Bürgermeister.

### Dritte Szene

68,35 *Wachsstock:* biegsames, schraubenförmig gewundenes Wachslicht.

69,2 *Handlungsbuch:* Buch zum Eintragen von Geschäftsvorgängen.

69,30 ff. *»Leute im roten Rock …«:* Gerichtsdiener gehörten nach der alten Zunftordnung zu den sogenannten ›unehrlichen Gewerben‹ (wie Henker, Abdecker, aber auch Gerber, Schäfer u. a.), mit deren Angehörigen näherer Umgang untersagt war. Die Diskriminierung ›unehrlicher Gewerbe‹ war bereits seit 1731 abgeschafft (vgl. Kap. II).

69,36–70,1 *Fallmeister:* veraltet für: Abdecker, dessen gewerbsmäßige Tätigkeit in der Beseitigung von Tierkadavern besteht.

### Vierte Szene

70,14 *nun bist du's allein!:* sinngemäß zu ergänzen: ›die der Familie Schande bringt‹.

## Fünfte Szene

70,25 *mir deucht:* mir scheint.

71,6 *Schrammstrich:* Kerbe im Holz.

71,18 *Justinian:* byzantinischer Kaiser (527–565), gab dem Rechtsleben eine feste Grundlage durch Sammlung und Aufzeichnung des römischen Rechts im *Corpus iuris civilis.*

*Gajus:* römischer Jurist (Mitte des 2. Jahrhunderts n. Chr.), verfasste die bis in die Neuzeit einflussreichste Darstellung des römischen Privatrechts, die auch die Grundlage für Justinians *Institutionen* bildete.

71,23 f. *roten Hahn ... Eier:* Bild aus einer zeitgenössischen Schulfibel.

71,27 *Corpus juris:* vgl. Anm. zu 71,18.

72,6 *Lex Julia:* Anspielung auf ein unter dem römischen Kaiser Augustus erlassenes römisches Ehegesetz (18 v. Chr.), das standeswidrige Ehen verbat.

72,9 *desparat:* (lat.) verzweifelt (korrekte Schreibung: ›desperat‹).

73,17 *Blindekuh:* Fangspiel, bei dem einem Teilnehmer die Augen verbunden sind.

75,14 *zeig ihm, dass auch du –:* ergänze: ›ihn vergessen kannst‹.

75,27 f. *Beelzebubs:* des Teufels (nach Mk. 3,22: Oberster der bösen Geister).

77,7 *Odem:* durch die Lutherbibel tradierte Nebenform von ›Atem‹.

77,20 *Noch hast du nicht das Recht dazu!:* gemeint ist das Recht zum Selbstmord, der damals nach gemeinchristlicher Auffassung als schwere Sünde galt.

## Dritter Akt. Erste Szene

78,19 *mit dem kleinen Buckel:* mit der Nichte des Bürgermeisters (vgl. 44,36–45,1).

## Zweite Szene

78,28 *Journal:* (ital., frz.) hier: Rechnungsbuch.
80,14 *Geißel:* zur Züchtigung oder Kasteiung benutzter Stab mit Riemen.
80,17 *Estrich:* fugenloser Fußboden (von mlat. *astricus* ›Pflaster‹).
81,7 f. *als ob du die Erste und Letzte wärst!:* vgl. *Faust I*, Szene ›Trüber Tag. Feld‹: »Sie ist die Erste nicht.« als Kommentar Mephistos gegenüber Faust zu Margarethes Schicksal.
81,11 *Nickel:* Scheltwort zur Qualifizierung von Menschen als eigensinnig, aber auch als wertlos.
81,12 *Schock:* Anzahl von 60 Stück (urspr. Haufen).

## Dritte Szene

81,22 *wovon:* von wem.

## Vierte Szene

82,13 *ich hatte das Recht dazu:* Verlöbnisse galten als Vertragsverhältnisse, die nur in beiderseitigem Einverständnis aufgelöst werden konnten. Leonhard deutet das einwöchige Schweigen Klaras auf seinen Brief als Einverständnis.
82,32 *Lektion:* (lat.) hier: deutliche Lehre, kräftige Abfertigung.

83,5 *Stiefelknecht:* Gerät zum leichteren Ausziehen der Stiefel.

83,24 *ein Wurm gestochen:* eine Schlange gebissen (›Wurm‹ hier in alter Bedeutung).

83,29f. *warum könnt ich's tun, wenn … dürfte?:* Zu ediesem Argument zur Rechtfertigung des Selbstmords vgl. Hebbels Tagebuchnotiz vom März 1841: »Diese Gedanken hatte ich gestern nachmittag über Selbstmord: Gott gab dem Menschen die Fähigkeit, die Welt zu verlassen, weil er ihn nicht gegen die Erniedrigung der Welt schützen konnte. Hat der wahre Selbstmörder also mit Gott zu tun, so kann er die Tat verantworten; hat er nicht mit Gott zu tun, so wird er überall nicht zur Verantwortung gezogen.« (Tgb. 2310; W IV,434)

84,13 *Dir wird's wohl gehen auf Erden!:* Anspielung auf das vierte Gebot nach Luthers Katechismus: »Du sollst deinen Vater und deine Mutter ehren, auf daß dir's wohlgehe und du lange lebest auf Erden.«

## Sechste Szene

86,20 *Soll ich nicht wieder trinken?:* Leonhard nimmt das umgeworfene Trinkglas als ungutes Vorzeichen.

86,21 *Courage:* (frz.) Mut.

## Siebente Szene

87,8 *Martini:* Fest des hl. Martin, 11. November.

87,9f. *Du sollst Gott fürchten und lieben!:* bezieht sich auf die feste Eingangsformel der einzelnen Erklärungen zu jedem der 10 Gebote in Luthers Katechismus (»Wir sollen Gott fürchten und lieben, daß wir …«).

87,15 f. *Rotrock:* der Gerichtsdiener Adam.
87,17 *Bossel:* vgl. Anm. zu 57,16.
87,22 *Heut ist Donnerstag:* vgl. Anm. zu 64,31 f.

## Achte Szene

88,33 *im Wein sitzt der liebe Gott:* blasphemische Anspielung auf das hl. Abendmahl.
89,25 f. *Dort bläht ein Schiff die Segel, ...:* Die von Karl in III,8 und III,9 gesungenen Verse entsprechen, im Zusammenhang gelesen, dem von Hebbel 1836 verfassten Gedicht *Der junge Schiffer* (W III,10).
90,10 f. *seine Faust zumachen und hineinkriechen:* Zu diesem Bild vgl. Hebbels Tagebuchnotiz vom 30. 1. 1844: »Menschen, die statt eines Gehirns eine zusammengeballte Faust im Hirnschädel zu haben scheinen; so eigensinnig sind sie in ihrer Dummheit.« (Tgb. 3027)
90,21 *Weiberschicksal:* uneheliche Schwangerschaft.
91,15 f. *Geheiliget werde dein Reich:* irrtümliche Verquickung der ersten und zweiten Bitte des *Vaterunsers.*
90,22 f. *Vergib uns unsere Schuld ... Schuldigern!:* fünfte Bitte des *Vaterunsers*; von Hebbel selbst für das Zentrum des Gebets gehalten. Vgl. die Tagebuchnotiz vom 24. 11. 1838: »Wie hoch, wie göttlich hoch steht der Mensch, wenn er betet: vergib uns, wie wir vergeben unsern Schuldigern; selbständig, frei, steht er der Gottheit gegenüber, und öffnet sich mit eigner Hand Himmel oder Hölle.« (Tgb. 1334; W IV,245)

## Neunte Szene

92,9 *Ja! aber vorher –:* dem Sinn nach zu ergänzen: ›muss noch mit dem Gerichtsdiener Adam abgerechnet werden‹.

## Zehnte Szene

93,12f. *Straßauf, straßab … Fastnachtsochsen:* bezieht sich vermutlich auf einen alten Fastnachtsbrauch.

## Elfte Szene

94,4 *mir gehen die Augen auf!:* Möglicherweise ironische Anspielung auf die biblische Sündenfallgeschichte (vgl. 1. Mose 3,5: »sondern Gott weiß, daß, welches Tages ihr davon esset, so werden eure Augen aufgetan, und werdet sein wie Gott und wissen, was gut und böse ist.« Vgl. auch v. 7: »Da wurden ihrer beider Augen aufgetan, und sie wurden gewahr, daß sie nackt waren.«).

94,10 *Er hat ihr –:* ergänze sinngemäß: ›gedroht, dass er sich umbringen werde?‹.

95,12 *Pharisäer:* selbstgerechte Heuchler (urspr. religiöse, streng dem Mosaischen Gesetz folgende Gruppierung des Judentums zur Zeit Jesu; im Neuen Testament stark negativ gezeichnet).

## II. Biographische Voraussetzungen und sozialhistorischer Kontext

In das bürgerliche Trauerspiel *Maria Magdalena* sind viele konkrete Erfahrungen seines Autors eingegangen, die sowohl bestimmte Ereignisse, Charaktere und personale Konstellationen als auch das dargestellte soziale Milieu betreffen. Sie entstammen drei verschiedenen Lebensbereichen Hebbels: seiner Münchner Studentenzeit, in der die Idee zum bürgerlichen Trauerspiel entstand, seiner Kindheit im Wesselburener Elternhaus, an die er sich bei dieser Gelegenheit erinnerte, und dem Zusammenleben mit seiner (ersten) Lebenspartnerin in Hamburg, wo Hebbels Karriere als dramatischer Schriftsteller begann. Hebbel selbst weist auf ein bestimmtes Ereignis aus seiner Münchner Zeit als Keimzelle zu seinem Stück hin. Er schreibt in einem Brief aus seinem letzten Lebensjahr an den langjährigen Freund Sigmund Engländer:

»Der Maria Magdalena z. B., der Sie Ihr Wohlwollen noch immer nicht entzogen haben, liegt ein Vorfall zu Grunde, den ich in München selbst erlebte, als ich bei einem Tischlermeister, der mit Vornamen sogar Anton hieß, wohnte. Ich sah, wie das ganze ehrbare Bürgerhaus sich verfinsterte, als die Gensd'armen den leichtsinnigen Sohn abführten, es erschütterte mich tief, als ich die Tochter, die mich bediente, ordentlich wieder aufathmen sah, wie ich mit ihr im alten Ton scherzte und Possen trieb.«

Hebbel an Sigmund Engländer, 23. 2. 1863; WBA IV,593.

Hebbel hatte seit Beginn seines Münchner Aufenthalts (1836–1839) engen Kontakt zur Familie des Schreinermeisters Anton Schwarz, in dessen Haus er seit April 1837 zur Untermiete wohnte. Der Sohn, Karl Schwarz, wurde im Mai 1837 wegen Diebstahls in Haft genommen – und dies offenbar nicht zum ersten Mal, denn er war gerade erst im Februar 1837 aus der Arbeitsanstalt entlassen worden. Beide, Vater und Sohn, sind offenbar die Namengeber für die entsprechenden Figuren in Hebbels Stück. Vermutlich auf Anton Schwarz beziehen sich die beiden folgenden Tagebuchnotizen vom April 1837:

»Es gibt keinen ärgern Tyrannen, als den gemeinen Mann im häuslichen Kreise.«
»Gemeine Leute verderben ihren Kindern gern ein Fest, *vorher* oder *nachher.*«

Tgb. 677, 678; W IV,137.

Mit der Tochter des Hauses, der 1814 geborenen Josepha Schwarz, die Hebbel die Wäsche besorgte und jeden Morgen die Zeitung brachte, hatte er schon bald nach seiner Ankunft in München ein intimes Verhältnis, das allem Anschein nach im Hause Schwarz ernster genommen wurde, als Hebbel selbst es nahm, und das bis zum Ende seiner Münchner Zeit andauerte. Zum Jahreswechsel 1836/37 hatte Josepha, von Hebbel ›Beppi‹ genannt, ihm ein Geständnis gemacht, das sich offenbar auf ein vorausgegangenes intimes Verhältnis zu einem anderen Mann bezog. Hebbel hat, wie es scheint, auf dieses Geständnis in einer Weise reagiert, die sich mit der des Sekretärs Friedrich (!) in *Maria Magdalena* II,5 vergleichen lässt, und Josepha hat das vorübergehende Zerwürfnis offenbar zu einem Suizidversuch veranlasst. Dies geht indirekt aus zwei Tagebuchnotizen vom Januar 1837 hervor:

»Seltsam! Seltsam! Josepha erzählt mir heut abend, sie habe in der Sonntag-Nacht (am Abend zuvor hatte sie mir Geständnisse gemacht, deren Inhalt mich nur ihre große

Aufrichtigkeit vergessen machen konnte –) nachdem sie mit dem Gedanken, alles sei nun zwischen uns vorbei, eingeschlafen, geträumt, ein andres Mädchen sei zu ihr gekommen und hab ihr gesagt: sie solle mich nur laufen lassen; ich verspräche *jeder* das Heiraten.«

Tgb. 574, 8. 1. 1837; W IV,110 f.

»Wie so manchen Zug des besten Herzens deckt mir Beppi unbewußt auf. So heute, wo sie mir erzählt, daß sie zornig auf eine Tagwerkerin sei, die, hoch schwanger, noch immer Holz und Wasser schleppe, ohne ihr Kind zu schonen. ›Oft hab ich ihr schon das Wasser hinaufgetragen.‹
Ja wohl, du armes Kind, bist du zum Unglück geboren! Erst mußt du an den geraten und nun an mich! An jenem Sonntag-Abend, wo du mir die Geständnisse machtest, war es wohl menschlicher Kraft unmöglich, jedes bittre Gefühl auf einmal zu unterdrücken und deine aus dem tiefsten Herzen kommende Bitte: ›ach Gott, verzeih mir‹ zu gewähren. Da in der größten Aufregung geht sie zu Hause und trinkt, glühend in jeder Ader, den kalten Tod herunter; ›mit uns – glaubt ich – ists ja doch vorbei, mir ist kein Glück bestimmt, so will ich denn auch nicht länger leben![‹] Heut sagt sie mir, sie speie Blut.«

Tgb. 582; W IV,114.

Durch Josepha wurde der Protestant Hebbel in die Welt des Katholizismus eingeführt. Mehrfach hat er mit ihr zusammen den katholischen Gottesdienst besucht. Anlässlich eines solchen Kirchgangs verfasste Hebbel am 14. 12. 1836 das Gedicht *Versöhnung*, in dem bereits das später in *Maria Magdalena* zentrale Motiv der mit ihrem Schicksal allein gelassenen unehelich Schwangeren – offensichtlich orientiert an Margarethe aus Goethes *Faust* – durchgespielt wird:

*Versöhnung*

»Ist nicht heute Aller-Seelen?
Ja, ich will zur Kirche gehn,
Und was Menschen mir versagen,
Von dem Himmel mir erflehn.

Meine Mutter kann nur weinen,
Hat nicht Trost für meinen Schmerz;
Krank geworden ist der Vater,
Das zerreißt mir ganz das Herz!«

Und sie stellt des Vaters Suppe
Sorgsam zu des Herdes Glut,
Sagt der Mutter guten Morgen
Geht dann fort in trübem Mut.

Vor der Nachbarinnen Augen
Bebt das ihre scheu zurück,
Aber frei hinauf zum Himmel
Wendet sie den reinen Blick.

In ein Haus der Anverwandten
Tritt sie nur mit Angst und Pein,
Aber in des Ewgen Tempel
Geht sie ohne Zagen ein.

Am Altar der Mutter Gottes
Kniet sie still und glühend hin,
Doch um was sie bitten dürfe,
Kommt ihr nimmer in den Sinn.

Milde Mutter, Gnadenmutter,
Neige dich und sprich sie los;
Ihr Versöhner und ihr Mittler
Ist das Kind in ihrem Schoß.

Wird es doch gekreuzigt werden
Von der Wiege bis ans Grab,
Und so zahlt es überreichlich
Alle ihre Schulden ab.

W III,78f.

Die Familie des Meisters Anton aus *Maria Magdalena* ist jedoch im Unterschied zu der des Münchner Tischlers Anton Schwarz protestantisch, und so dürfte die ›mittlere Stadt‹, die Hebbel als Spielort des Stücks angibt, eher im Norden Deutschlands angesiedelt sein. Unverkennbar hat Hebbel Erinnerungen an seine Kindheit in Wesselburen (Dithmarschen) in sein bürgerliches Trauerspiel eingearbeitet. Hebbel wuchs als Sohn des Maurers Klaus Friedrich Hebbel (1789–1827) in ärmlichen und freudlosen Verhältnissen auf. Über seinen Vater notiert Hebbel in das Tagebuch:

»Wie war nicht meine Kindheit finster und öde! Mein Vater haßte mich eigentlich, auch ich konnte ihn nicht lieben. Er, ein Sklav der Ehe, mit eisernen Fesseln an die Dürftigkeit, die bare Not geknüpft, außerstande, trotz des Aufbietens aller seiner Kräfte und der ungemessensten Anstrengung, auch nur einen Schritt weiterzukommen, haßte aber auch die *Freude*; zu seinem Herzen war ihr durch Disteln und Dornen der Zugang versperrt, nun konnte er sie auch auf den Gesichtern seiner Kinder nicht ausstehen, das frohe, brusterweiternde Lachen war ihm Frevel, Hohn gegen ihn selbst, Hang zum Spiel deutete auf Leichtsinn, auf Unbrauchbarkeit, Scheu vor grober Handarbeit auf angeborne Verderbnis, auf einen zweiten Sündenfall. Ich und mein Bruder hießen seine Wölfe; unser Appetit vertrieb den seinigen, selten durften wir ein Stück Brot verzehren, ohne anhören zu müssen, daß wir es nicht verdienten. Dennoch war mein Vater (wäre ich davon nicht innig überzeugt, so hätte ich so etwas nicht über ihn niedergeschrieben) ein herzensguter, treuer, wohlmeinender Mann; aber die *Armut* hatte die Stelle seiner *Seele* eingenommen. Ohne Glück keine Gesundheit, ohne Gesundheit kein Mensch!«

Tgb. 1323, 22. 11. 1838; W IV,241.

Wie die Frau des Meisters Anton den Sohn Karl in *Maria Magdalena*, so nahm auch Hebbels Mutter, Antje Margarethe Hebbel (1787–1838), ihren ältesten Sohn dem Vater gegenüber in Schutz. Unmittelbarer Anlass für Hebbel, sich ihrer zu erinnern, war ihr Tod am 3. 9. 1838. Über die Mutter heißt es im Tagebuch:

»Sie war eine gute Frau, deren Gutes und minder Gutes mir in meine eigne Natur versponnen scheint: mit ihr habe ich meinen Jähzorn, mein Aufbrausen gemein, und nicht weniger die Fähigkeit, schnell und ohne weiteres alles, es sei groß oder klein, wieder zu vergeben und zu vergessen. Obwohl sie mich niemals verstanden hat und bei ihrer Geistes- und Erfahrungsstufe verstehen konnte, so muß sie doch immer eine Ahnung meines innersten Wesens gehabt haben, denn sie war es, die mich fort und fort gegen die Anfeindungen meines Vaters, der (von seinem Gesichtspunkt aus mit Recht) in mir stets ein mißratenes, unbrauchbares, wohl gar böswilliges Geschöpf erblickte, mit Eifer in Schutz nahm, und lieber über sich selbst etwas Hartes, woran es wahrlich im eigentlichsten Sinne des Worts nicht fehlte, ergehen ließ, als daß sie mich preisgegeben hätte. Ihr allein verdanke ichs, daß ich nicht, wovon mein Vater jeden Winter, wie von einem Lieblingsplan sprach, den Bauernjungen spielen mußte, was mich vielleicht bei meiner Reizbarkeit schon in den zartesten Jahren bis auf den Grund zerstört haben würde; ihr allein, daß ich regelmäßig die Schule besuchen, und mich in reinlichen, wenn auch geflickten Kleidern öffentlich sehen lassen konnte. Gute, rastlos um deine Kinder bemühte Mutter, du warst eine Märtyrerin und ich kann mir nicht das Zeugnis geben, daß ich für die Verbesserung deiner Lage immer soviel getan hätte, als in meinen freilich geringen Kräften stand! [...] Auch Klagen, auch Tränen werden dir nicht fehlen, wenn ich einmal wieder ich selbst bin, und ewig wird dein stilles freundliches Bild in aller mütterlichen Heiligkeit vor meiner Seele stehen, lindernd, beschwichtigend, aufmunternd und tröstend.«

Tgb. 1295, 18. 9. 1838; W IV,234f.

Auch signifikante Einzelheiten des Handlungsortes in *Maria Magdalena* verweisen auf Wesselburen, z.B. der Birnbaum, der Brunnen und der dem Wohnhaus unmittelbar benachbarte Friedhof (dem in Wesselburen die am Haus vorbeikommenden Leichenzüge entsprechen):

»Mein Vater besaß zur Zeit meiner Geburt ein kleines Haus, an das ein Gärtchen stieß, in welchem sich einige Fruchtbäume, namentlich ein sehr ergiebiger Birnbaum, befanden. [...] Unser Garten war von andern Gärten umgeben. An der einen Seite befand sich der Garten eines jovialen Tischlermeisters, der mich gern neckte und von dem ich noch heute nicht begreife, wie er, was er doch später tat, sich selbst das Leben nehmen konnte. [...] An den Garten des Tischlers stieß der des Predigers. [...] Vor diesem hatten wir eine unbegrenzte Ehrfurcht, die sich ebensosehr auf sein ernstes, strenges, milzsüchtiges Gesicht und seinen kalten Blick, als auf seinen Stand und seine uns imponierenden Funktionen, z.B. auf sein Herwandeln hinter Leichen, die immer an unserem Hause vorbeikamen, gegründet haben mag. Wenn er zu uns hinübersah, was er zuweilen tat, hörten wir jedes Mal zu spielen auf und schlichen uns ins Haus zurück. Nach einer anderen Seite bildete ein alter Brunnen die Grenze zwischen unserem Garten und dem nachbarlichen. Von Bäumen beschattet und tief, wie er war, die hölzerne

Bedachung gebrechlich und dunkelgrün bemoost konnte ich ihn nie ohne Schauer betrachten. [...] Noch sitze ich auf der kleinen Bank unter dem breiten Birnbaum und harre, während ich mich an seinem Schatten erquicke, ob sein von der Sonne beschienener Gipfel nicht eine wegen Wurmstichs frühreife Frucht fallen läßt; noch flößt mir der Brunnen, an dessen Bedachung alle Augenblick etwas genagelt werden mußte, ein unheimliches Gefühl ein.«

Aufzeichnungen aus meinem Leben; W III,711f.

Schon früh machte Hebbel die Erfahrung des sozialen Abstiegs, die ähnlich auch – als immer zu gewärtigende Gefahr – die Mentalität des Meisters Anton bestimmt. Nachdem Hebbel zwei Jahre lang die ›Klippschule‹ der Jungfer Susanna besucht hatte, wechselte er im Alter von sechs Jahren zur Elementarschule über. In dieser Zeit (1819) musste die Familie das eigene Häuschen verlassen, vertrieben vom Gläubiger einer Bürgschaft, die der Vater bei der Eheschließung übernommen hatte. Durch den erzwungenen Umzug in eine Mietwohnung war Hebbel nun nicht mehr Sohn eines ›Kätners‹ (Hausbesitzers), sondern eines ›Heuerlings‹ (Mietbewohners):

»Ungefähr um dieselbe Zeit, wo ich Susannas dumpfen Saal mit der neu erbauten, hellen und freundlichen Elementar-Schule vertauschte, mußte auch mein Vater sein kleines Haus verlassen und eine Mietwohnung beziehen. [...] Was das [der Wohnungswechsel] eigentlich hieß, erfuhr ich erst nachher, aber freilich bald genug; ich war, ohne es selbst zu wissen, bis dahin ein kleiner Aristokrat gewesen, und hatte nun aufgehört, es zu sein. Das hing so zusammen. An und für sich schaut der Kätner auf den Heuerling herab, wie der Bauer und der reiche Bürger auf ihn, und ebenso wird mit einem gewissen Respekt wieder zu ihm hinaufgeschaut. Er ist des ersten Grußes so sicher, als ob er einen Wechsel darüber in Händen hätte und ihn durch die Gerichte eintreiben könnte; kann er sich aber auf seiner Höhe nicht behaupten, so geht es ihm, wie jeder Größe, die zu Falle kommt: die unteren rächen sich dafür an ihm, daß er sie einst überragt hat. Die Kinder richten sich in allen diesen Stücken nach den Eltern, und so hatte ich die Ehre der Erhebung, aber auch die Schmach des Sturzes mit meinem Vater zu teilen.«

Aufzeichnungen aus meinem Leben; W III,736f., 739.

Der dritte Erfahrungsbereich, an den Hebbels bürgerliches Trauerspiel anknüpft, betrifft sein Verhältnis zu Maria Dorothea Elisabeth (genannt: Elise) Lensing (1804–1854). Hebbel lernte die neun Jahre ältere Hamburger Tochter eines Chirurgen, die zeitweilig als Lehrerin, dann als Putzmacherin arbeitete und durch eine kleine Erbschaft in relativer finanzieller Sicherheit lebte, kurz nach seiner Ankunft in Hamburg, im März 1835, kennen. Elise unterstützte Hebbel finanziell und ermöglichte ihm sein Studium in Heidelberg und München. Während ihres elf Jahre andauernden Verhältnisses war Hebbel über die Hälfte der Zeit fern von Hamburg. Elise und er hatten zusammen zwei uneheliche Kinder, die beide früh verstarben: Max (1840–1843) und Ernst (1844–1847). Den zweitgeborenen Sohn hat Hebbel niemals zu Gesicht bekommen. Ihr nicht unproblematisches Verhältnis endete, als Hebbel im Mai 1846 die Wiener Burgschauspielerin Christine Enghaus (1815–1910) heiratete. In *Maria Magdalena* hat besonders eine Episode aus der Zeit während Elises erster Schwangerschaft Spuren hinterlassen. Hebbel lernte im Juli 1840 die Hamburger Senatorentochter Emma Schröder (1808–1890) kennen und verliebte sich in sie. Enthusiasmiert berichtete Hebbel der in Rügen weilenden Elise von seiner neuen Leidenschaft. Die dabei zutage tretende naive Skrupellosigkeit klingt nach in Leonhards Verhalten Klara gegenüber (*Maria Magdalena* III,3 und 4):

»Dagegen verlebte ich Sonnabend bei Mad[me] Hellberg einen sehr vergnügten Tag. Advocat Schütze war da [...]. Zugleich Fräulein Emma Schröder, die mir gefiel, wie noch selten ein Mädchen. Seit dem Tag, daß ich dies liebliche Wesen sah, bin ich, wie im Rausch, voll im Herzen, wie im Kopf. Du wirst Dich dessen freuen, wenn ich Dir sage, daß ich dem innerlichen Ersticken nah war. Die Welt drängte auf mich ein, wie ein zusammen fallendes Gewölbe; es war ein Flüchten in's Tiefste hinein, ein Schlüpfen und Verstecken in den verborgensten Winkel. Jetzt bin ich wieder frei, und es kommt etwas aus mir heraus. Wer Einer ist, wie ich, der hat eigene Lebensbedingungen, er kann nun einmal nicht eine Schema-Existenz führen, er muß nach oben und nach unten greifen und wird freilich oft ein Menschenfresser. Gott hat das so eingerichtet. Auf Deine Gesundheit wurde getrunken. Ich Gebrauchte die Schröder zu Hause. Gönnst Du es mir? Gewiß! [...]
Zum Arbeiten komm' ich immer noch nicht. Emma mögt' ich alle Tage sehen, dann würd' ich sprudeln. Es ist doch wahr, Liebe ist etwas Anderes, als Freundschaft, und es ist auch wahr, Liebe knüpft sich an Schönheit und Jugend. Schlimm genug, das Ewige an's Vergänglichste, das Wahrste, Tiefste, Innerlichste an das, was so oft täuscht. Aber Niemand verändert die Welt und die Menschen-Natur, und Nichts muß man schmerzlicher bezahlen, als wenn man im Zustand der Dürre und Leere sich in's Gefühl hinein lügt. [...] Vergieb mir, Elise, aber bedenk' auch, daß dies Alles wahr ist. Das Verhältniß in München muß ich aufheben, es geht nicht länger. Das mit Dir ist und bleibt ein schönes, denn Du bist edel, bist sicher in Deinem Herzen. Wenn ich ein anderes anknüpfe – auch das geht vorüber und die Zeit kommt, wo ich mit Gleichgültigkeit

darauf zurück blicke. Aber, ein Tropfen Kühlung für die unendliche Glut, ein Trunk, der mir alle Sinne schwellt, ist das nicht göttlicher Gewinn? Emma hat mir eine Rose gegeben, sie ist verwelkt und liegt in meinem Schreibtisch, aber sie duftet mir köstlicher, wie ein ganzes Beet. Was ist doch Liebe! Die Welt drängt sich in's Mädchen zusammen, ihre glühende Lippe ist der Centralpunct aller möglichen und denkbaren Wonne und der Mensch ist ganz Durst. Ich hätte sie küssen können, warum hab' ich's nicht gethan? Aus Furcht, aus Verlegenheit unterblieb es nicht, die waren mir fern [...]«

Hebbel an Elise Lensing, 1.–26. [19. und 26.] 7. 1840; WBA I,357f.

Der Teil des Briefes an Elise, aus dem die zitierte Passage stammt, wurde sehr wahrscheinlich niemals abgesendet. Gleichwohl wird Hebbels schwangere Freundin zumindest Ähnliches vernommen haben. Das geht implizit hervor aus den reuigen Selbstvorwürfen, die Hebbel seinem Tagebuch just zu dem Zeitpunkt anvertraute, als Elise zur Niederkunft nach Ottensen abgereist war. Der eigenen Zerknirschung entspricht dabei eine Verherrlichung der altruistischen Züge Elises, die später dann in der Figur der Klara (wie schon vorher in der der Genoveva) ihre poetische Ausgestaltung finden:

»Gestern abends um 9 Uhr ist Elise abgereist. [...] Wenn ich daran denke, was bevorsteht, so will das Herz mir brechen. O Gott, wenn du auf mein Gebet jemals gehört hast, so halte deine Hand über sie. Nie, nie habe ich ihresgleichen gesehen. Sie hat einen Adel des Herzens, der allen Adel des Geistes übertrifft. Auch keine Spur von Egoismus. Ach, wenn ich sie oft quälte, sie satanisch im Tiefsten verletzte – immer sprangen nur schönere Funken aus ihrer Seele hervor, so daß ich mitten im leidenschaftlichen Frevel von ihrem Lächeln, ihren Tränen oft plötzlich erstarrte, als ob ich einen Engel gegeißelt hätte, der sich nur dadurch rächen mag, daß er seine herrliche Natur zeigt. Sie ist ein Brunnen unerschöpflicher Liebe. Womit ich es verdient habe, daß ein solches Wesen sich mir in seinem Tiefsten ergeben hat, weiß ich nicht.«

Tgb. 2098, 3. 9. 1840; W IV,398f.

»An Elise!
[...] Ich mögte den ganzen Tag vor Dir auf den Knieen liegen und Dich um Vergebung bitten, daß ich Dich so oft gequält, im Tiefsten verletzt, bitter geschmäht habe. O, es ist oft eine solche Verwirrung in meiner Natur, daß mein besseres Ich ängstlich und schüchtern zwischen diesen chaotischen Strömen von Blut und Leidenschaft, die durcheinanderstürzen, umherirrt, der Mund ist dann im Solde der dämonischen Gewalten, die sich zum Herrn über mich gemacht haben, und ganz bis ins Innerste zurückgedrängt, sitzt meine Seele, wie ein Kind das vor Tränen und Schauder nicht zu reden vermag und nur stumm die Hände faltet, und erst, wenn der Sturm sich gelegt hat, wieder zum Vorschein kommt. [...] Wie hoch stehst Du über mir, Du, die Du so ganz Liebe bist, Du, bei der ich von dem Fluch und der Schande unseres ganzen Geschlechts, dem Egoismus, nie etwas entdeckte, *nie* auch nur so viel, als nötig ist, den Menschen im Kampf mit der feindlichen, nichtswürdigen Welt zusammenzuhalten. Niemals, das glaube mir, habe ich Dich verkannt, in meinem Wahnsinn habe ich Dich wohl zuweilen boshaft und gegen mein besseres Wissen und Wollen bespritzt und beschmitzt, aber gleich darauf habe ich auch immer wieder Dein edles Bild mit inneren Tränen (äußere sind mir versagt) rein gewaschen. Ach, es ist schändlich genug, daß wir uns, um uns nur zu behaupten, selbst lieben müssen, daß wir uns, trotz des Ekels, den wir an uns empfinden, trotzdem, daß wir uns in unseren besten Stunden steinigen

mögten, selbst lieben müssen; daß wir uns selbst lieben müssen, obgleich dies bedingt, daß wir das Bessere hassen müssen. Aber wohl dem, der wie Du, auf Kosten seines äußeren Friedens dies schlechte Grundgesetz der Existenz bricht, um so recht den inneren zu gewinnen.«

Tgb. 2099, 3. 9. 1840; W IV,399 f.; auch: WBA I,362 f.

Dass Elise Lensing nicht nur für bestimmte Charakterzüge, sondern auch für einige Aussprüche Klaras unmittelbar Patin gestanden hat, bestätigt ein späterer Brief an sie:

» [...] denn Dir gehören in Judith, Genoveva und Maria Magdalena einige der schönsten Stellen. Dir zum Triumph, mir zur innigsten Seelen-Freude stehen sie da [...]«

Hebbel an Elise Lensing, 29. 5.–10. 6. [29. 5.] 1845; WBA I,704.

So bedeutsam die genannten biographischen Faktoren für die Entstehung der *Maria Magdalena* auch sind, so handelt es sich doch bei diesem Stück keineswegs um ein persönliches Bekenntnisdrama. Hebbel hat vielmehr die eigenen Erfahrungen objektiviert und in einen Handlungszusammenhang eingebettet, der zugleich etwas Allgemeines zum Ausdruck bringen sollte – etwas, das kennzeichnend war für den »Welt- und Menschenzustand« bzw. den »welthistorischen Prozess, der in unseren Tagen vor sich geht« (Vorrede). Die Zeit der Restauration und des Vormärz hat Hebbel durchaus als eine Art Endzeit verstanden, wie eine Tagebuchnotiz vom Februar 1841 verdeutlicht:

»Wir leben in den Zeiten des Weltgerichts, aber des stummen, wo die Dinge von selbst zusammenbrechen.«

Tgb. 2271, 12. 2. 1841; W IV,428.

Vom September des gleichen Jahres stammt ein Zeitgedicht in Sonettform, das die eschatologische Metapher des ›Weltgerichts‹ aus der Tagebuchnotiz wieder aufnimmt, dabei aber zugleich die Rolle reflektiert, die der Dichter als objektiver Beobachter des Ablösungsprozesses der alten Welt durch die neue spielen soll:

Unsere Zeit

Es ist die Zeit des stummen Weltgerichts;
In Wasserfluten nicht und nicht in Flammen:
Die Form der Welt bricht in sich selbst zusammen,
Und dämmernd tritt die neue aus dem Nichts.

Der Dichter zeigt im Spiegel des Gedichts,
Wie Tag und Nacht im Morgenrot verschwammen,
Doch wird er nicht beschwören, nicht verdammen,
Der keusche Priester am Altar des Lichts.

Er soll mit reiner Hand des Lebens pflegen,
Und, wie er für des Frühlings erste Blüte
Ein Auge hat, und sie mit Liebe bricht:

So darf er auch des Herbstes letzten Segen
Nicht übersehn, und die zu spät erglühte
Nicht kalt verschmähen, wenn den Kranz er flicht.

W III,108.

Auch in *Maria Magdalena* geht es um den »gegenwärtigen Welt-Zustand« (Hebbel an Campe, 2. 6. 1844; vgl. Kap. III,67) als Endzeit und Umbruchsituation. Den ideellen Gehalt des Stücks deutet Hebbel vage an mit dem stichwortartigen Hinweis auf »die Ideen der Familie, Sittlichkeit, Ehre, mit ihren Tag- und Nacht-Seiten« (an Elise Lensing, 5. 12. 1843; vgl. Kap. III). Es ist allerdings eine spezifische, sozialgeschichtlich sehr genau situierbare Perspektive, von der aus diese ›Ideen‹ im Stück beleuchtet werden: die des kleinbürgerlichen Zunfthandwerks, dessen ökonomische Existenz, Lebensform und Wertekanon vom gesellschaftlichen Wandlungsprozess zunehmend bedroht werden. Der Tischler Anton ist ein prototypischer Vertreter der alten zunfthandwerklichen Mentalität, in der Ehre, Sittlichkeit und Familie eine unauflösliche Einheit des korporativ vermittelten Standesethos bilden. ›Ehre‹ war im Zunfthandwerk ursprünglich ein objektiv standesrechtlicher Begriff, der vor allem der ständischen Abgrenzung nach unten diente: Das ›ehrliche Handwerk‹ wurde mittels strenger zunftrechtlicher Sanktionen abgegrenzt von den sogenannten ›unehrlichen‹ Gewerben (wie z.B. Abdecker, Gerber, Schäfer, Kesselflicker, auch Gerichts- und Polizeidiener oder Schauspieler), deren Familienangehörige nicht zunftfähig waren. Der Begriff der handwerklichen Ehrbarkeit umfasste so nicht nur die Qualität der Arbeit mit dem entsprechenden Arbeitsethos, sondern auch die ehrbare Herkunft, die gleichfalls für die Ehefrau des Meisters gefordert war. Neben der Abkunft aus zunftfähiger Familie galt die eheliche Geburt als unabdingbar. Einbegriffen in die von den Zünften überwachte Ehrbarkeit war überdies der sittliche Lebenswandel der Handwerkerfamilie im christlich-kirchlichen Sinn. Ehebruch etwa konnte zum Ausschluss aus der Zunft führen. Dieser Begriff der handwerklichen Ehrbarkeit mit den dahinter stehenden Rechten und Gewohnheiten war schon im 18. Jahrhundert in immer stärkeren Gegensatz zum merkantilistischen Interesse der staatlichen Obrigkeiten an der Anhebung der gewerblichen Produktion in den deutschen Kleinstaaten geraten. Überdies widersprach er dem naturrechtlichen Denken der Aufklärung. Bereits 1731 waren die Zunftrechte durch eine Verfügung des Reichstags weitgehend eingeschränkt worden, so wurden z.B. die rechtliche Diskriminierung ›unehrlicher‹ Gewerbe abgeschafft und die Zulassung nachträglich legitimierter vorehelich Geborener zum ›ehrlichen‹ Handwerk verordnet. An der Praxis der Zünfte hatte das jedoch lange Zeit wenig geändert. Darüber hinaus blieb die Mentalität der Handwerker von der veränderten rechtlichen Situation weitgehend unberührt bis weit ins 19. Jahrhundert hinein. Meister Antons Verhalten dem Gerichtsdiener Adam gegenüber (*Maria Magdalena* II,3) ist dafür ein sprechendes Beispiel. Noch in der Jahrhundertmitte kann der politisch konservative Kulturhistoriker und Volkskundler Wilhelm Heinrich Riehl (1823–1897), den Hebbel »für den besten aller socialen Schriftsteller« hielt (an Emil Kuh, 7. 7. 1859; WBA III,791), die ständisch konservative Mentalität der Handwerker den Kräften der ›Bewegung‹ im Bürgertum entgegensetzen und der besonderen Obhut einer den Ständestaat erhaltenden Politik empfehlen. Riehl schreibt im zweiten Band seines dreibändigen Hauptwerks *Die Naturgeschichte des Volkes als Grundlage einer deutschen Social-Politik* (1851–1855) über den Handwerkerstand:

»Als eine Ruine des alten Bürgerthums ragt der Handwerkerstand in die moderne bürgerliche Welt. Ist der Bürgerstand das verkleinerte Abbild der modernen Gesellschaft, dann fällt dem Handwerker darin die sociale Rolle zu, welche der Bauer in dem großen Originalgemälde spielt. Der Handwerker ist der conservative Mann par excellence unter den Stadtbürgern. Ein solcher wird er aber nicht bleiben, wenn er verarmt oder verkommt. Gerade wegen der einflußreichen Stellung des Gewerbes im Bürgerthum ist das materielle Gedeihen des Kleingewerbes eine Lebensfrage für die erhaltende Politik. Reichthum hat noch keinen Bürger zum Demagogen gemacht, desto öfter die Armuth.

Aber für den socialen Politiker hat der Gewerbestand noch ein ungleich tieferes Interesse. Hier sind nicht blos Trümmer noch des alten Corporationswesens, an denen man studiren mag, sondern auch viele kräftige, lebensfähige Triebe eines gesunden Innungsgeistes, an welchen sich die pädagogische Kunst des Staatsmannes erproben kann. Wo ist denn noch ein gleiches corporatives Leben wie bei den Handwerkern? Und doch, wie tief erscheint dasselbe gegen früher gesunken!«

Wilhelm Heinrich Riehl: Die bürgerliche Gesellschaft. Stuttgart/Tübingen: Cotta, [2]1854. S. 256.

Riehls Werk, das seiner Tendenz nach ein restauratives sozialpolitisches Programm verfolgt, wird hier vor allem wegen seiner diagnostischen Einsichten zitiert. Unbeschadet gelegentlicher Romantisierungen der Vergangenheit werden in ihm durchaus die Krisensymptome des Umbruchs durch die beginnende Industrialisierung, die auch Hebbel registriert, in den Blick genommen. Tatsächlich nämlich war die zunfthandwerkliche Mentalität schon im 19. Jahrhundert in ökonomischer Hinsicht nicht mehr zeitgerecht: Nach dem Verständnis des alten Handwerks war Arbeit kein Mittel, materiellen Besitz zu erwerben und zu vermehren, sondern sie diente lediglich dazu, das eigene bescheidene Lebensniveau zu erhalten (Prinzip der ›Nahrung‹). Vorausgesetzt war dabei die Vorstellung eines statischen Gesellschaftsmodells mit ständisch differenzierten jeweils festliegenden Bedürfnissen. Entsprechend dienten die Zunftregeln wesentlich dazu, durch Zugangsbeschränkungen und Heiratsvorschriften die Anzahl der Meisterbetriebe stabil und von unliebsamer Konkurrenz frei zu halten.

Doch die Wirklichkeit sah schon in der ersten Hälfte des 19. Jahrhunderts anders aus: Im Zuge des rapiden Bevölkerungswachstums seit Ende des 18. Jahrhunderts hatte sich die Anzahl der Gesellen unproportional vermehrt, sodass viele von ihnen – ohne Aussicht auf eine Meister-

stelle – als unzünftige Handwerker arbeiteten und eine Familie gründeten. In den Preußischen Ländern galt seit 1810 die Gewerbefreiheit, und besonders in größeren Städten kam es zu handwerklichen Großbetrieben mit neuen Produktionsmethoden, gegenüber denen der kleine Meisterbetrieb nicht mehr konkurrenzfähig war.
Vor allen in mittleren und kleineren Städten vergrößerte sich dagegen die Anzahl der vor sich hin darbenden sogenannten ›Alleinmeisterbetriebe‹, d.h. Handwerksbetriebe, die nur aus dem Meister und seiner Familie bestanden und weder Gesellen noch Lehrlinge beschäftigten. Zu dieser Kategorie zählt auch der Betrieb des Meisters Anton. Gerade hier war die alte zunfthandwerkliche Mentalität, die nichts so sehr fürchtete wie die Gewerbefreiheit, am deutlichsten ausgeprägt. Wo an reales Kapital nicht zu denken war, klammerte man sich umso fester an das symbolische Kapital der ›Ehrbarkeit‹. Dem gegenüber wurde die nun auch im Kleinbürgertum neu aufkommende pragmatisch zweckrationale Denkweise des individuellen Gewinnstrebens – in *Maria Magdalena* z.T. durch Leonhard repräsentiert – als sittliche Bedrohung der alten Ordnung empfunden. Mit Bedauern registriert Riehl in der Mitte des Jahrhunderts einen entsprechenden Mentalitätswechsel auch im Bereich des Handwerks selbst:

»Es ist eine der bemerkenswerthesten Erscheinungen des socialen Philisterthums, daß viele Handwerksleute sich ihres Berufes als *Arbeiter* schämen, daß sie Fabrikanten, Kaufleute u. dgl. seyn wollen, daß sie die Würde ihres Berufes nicht mehr messen nach dem Talente und der Arbeitskraft, sondern nach der Größe des im Geschäft stekkenden Capitales. Darin bekundet sich der Abfall des Bürgerthumes von sich selbst. Ihr schimpft den Schneider, wenn ihr ihn einen Schneider nennt. Der sociale Philister in ihm fühlt sich dadurch gekränkt. Er ist ein Kleidermacher, ein Kleiderfabrikant. Er weiß gar nicht mehr, daß das

Wort ›Schneider‹ schon seiner Abstammung nach etwas weit höheres bezeichnet als einen Kleidermacher. [...] So ganz und gar ist hier der alte Stolz auf die *Kunstfertigkeit* als den höchsten Ruhm des Bürgerthums verloren gegangen, und der Philister schätzt nur noch das Capital im Geschäft, nicht den Beruf als solchen! Als ob nicht ein ganz anderer Mann dazu gehörte, einen Rock eigenhändig zu machen, als gefertigte Röcke zum Verkaufe auszubieten, was doch der letzte Trödeljude gemeiniglich am allerbesten versteht!«

Wilhelm Heinrich Riehl: Die bürgerliche Gesellschaft. Stuttgart/Tübingen: Cotta, $^{2}$1854. S. 225f.

Haushalt und Familienform des alten Handwerks sind als »Variante der Sozialform des ›ganzen Hauses‹« (Rosenbaum 1982, S. 180) zu kennzeichnen: Es besteht eine räumliche Einheit von Produktion und Haushalt, die Familienmitglieder sind in die Arbeit, Gesellen und Lehrlinge in den Haushalt einbezogen, und der Hausvater führt das patriarchalische Regiment über alle Mitglieder des Hauses. Im Unterschied zur bäuerlichen Variante lebten im Handwerk in der Regel nur zwei Generationen der Familie unter einem Dach. Der Haushalt des Meisters Anton bildet allerdings nur eine Schwundstufe dieser Sozialform, da weder Gesellen noch Lehrlinge einbezogen sind. Gleichwohl ist die patriarchalische Verfassung seines nunmehr auf die Kernfamilie reduzierten Hauses unverkennbar.

Selbstverständlich war im alten Handwerk das Berufsprivileg den Männern vorbehalten. Der Hausfrau unterlag die Erziehung der Kinder und die Haus- und Gartenarbeit. Der Hausvater besaß das Recht zur körperlichen Züchtigung der Lehrlinge, und von den Kindern wurde völlige Unterordnung verlangt. Der patriarchalischen Verfassung des Hauses entsprach als öffentliches Gegenstück der Umstand, dass in erster Linie der Hausvater dafür haftbar gemacht wurde, wenn die ›Ehre des Hauses‹ durch das Fehlverhalten seiner Kinder befleckt wurde. Von der kleinbürgerlich rigiden Sexualmoral waren insbesondere die Töchter betroffen. Erziehung zur Schamhaftigkeit war oberstes Gebot. Eine gewisse Anschauung von der Stellung der Tochter im patriarchalischen Erziehungssystem des Kleinbürgerhaushalts gibt ein zeitgenössischer pädagogischer und juristischer Leitfaden für den *Haus-, Brot- und Lehrherren* in Preußen:

»Soll der Vater auch die weiblichen Kinder erziehen? ist eine Frage, über welche wohl kein großer Streit erhoben werden kann. Es scheint, daß das, was zum Weibe werden soll, am besten vom Weibe dazu gebildet werde, und daß der Mann leicht durch den Karakter der Männlichkeit verleitet, die weiblichen Seelen verwöhnen, verziehen könne. Auch muß man zugeben, daß der Vater gegen die Söhne und Töchter nicht gleiche Erziehungspflichten habe. Jedoch kann man nicht zugeben, daß dem Vater an der Erziehung der Töchter gar kein Antheil zustehe. [...] Der Mutter liegt das Herausschmücken der Tochter, die Ausstattung und Erziehung derselben zu einer guten Wirthin zu sehr am Herzen, als daß sie in ihrer Tochter nicht eine liebenswürdige Braut und eine nette Hausfrau zu sehen wünschte. Die Tochter muß also eben so gut von dem Vater erzogen, aber nicht eben so gut von demselben unterrichtet werden. Die Mutter ist die natürliche Lehrmeisterin der Tochter; diese folgt ihr an den Arbeitstisch, in die Küche, in den Keller. Wenn es aber zur moralischen Gewöhnung, zur Befolgung guter, fester Grundsätze kommt, so reicht gewöhnlich die geschwätzige Zunge und der faselnde Blick der Mutter nicht hin, sondern der Vater muß als *Sittengesetzgeber* herrschen, und die Tochter so wie den Sohn unter den Gehorsam gegen die Vernunft beugen. Merkt euch ihr Mütter: wenn eure Kinder in schmutzigen, zerrissenen Anzügen einhergehen, so ist das eure Schuld, und ihr habt

Schimpf und Schande davon; wenn aber eure Kinder Taugenichtse werden, eure Söhne Bubenstücke ausüben, und eure Töchter Buhlerei treiben, so sind eure Männer daran Schuld, und sie haben die Schande davon.
Die Töchter müssen früh gewöhnt werden, kraftvoll und geschickt zu arbeiten, häuslich und sittsam zu sein, wenig zu begehren, gern zu dienen und sehr geduldig auch Lasten und Beschwerden zu ertragen.«

Johann Daniel Franz Rumpf: Der Haus-, Brot- und Lehrherr in seinen ehelichen, väterlichen und übrigen hausherrlichen Verhältnissen gegen Gesinde, Gesellen und Lehrlinge. Nach allgemeinen und insbesondere nach Preußischen Gesetzen. Berlin: Hayn, 1823. S. 56f.

# III. Dokumente zur Entstehungsgeschichte und zum Erstdruck

Hebbel verfasste sein bürgerliches Trauerspiel *Maria Magdalena* von März bis Dezember 1843 während seines Aufenthalts in Kopenhagen und in Paris. Das Stück erschien – ergänzt um Vorwort und Widmung – im September 1844 bei Hoffmann und Campe im Druck. Einzelne Erwähnungen zeigen, dass Hebbel schon seit seiner Münchner Studentenzeit die Idee zum bürgerlichen Trauerspiel mit sich herumtrug. Er selbst datiert die Zeit von der ersten Idee bis zur endgültigen Ausführung auf sieben Jahre (vgl. an Elise Lensing, 6. 2. und 29. 5. 1845; WBA I,690 und 704).

Aus Hebbels Münchner Zeit – offenbar aus dem Umkreis seiner Erfahrungen mit Josepha Schwarz (vgl. Kap. II) – stammen zwei zusammengehörige kurze Tagebuchnotizen vom Februar 1839, die als erster Hinweis auf die Idee zur *Maria Magdalena* anzusehen sind:

»Durch Dulden Tun: Idee des Weibes.«
»Klara dramatisch.«

Tgb. 1516 und 1517, Februar 1839; W IV,286.

Unmittelbar vorher, zu Beginn des Jahres 1839, hatte Hebbel sich intensiv mit Gotthold Ephraim Lessings (1729–1781), Jakob Michael Reinhold Lenz' (1751–1792) und Friedrich Maximilian Klingers (1752–1831) bürgerlichen Trauerspielen bzw. Dramen beschäftigt (vgl. Tgb. 1471, 1496, 1501). Aber erst fast drei Jahre später – Hebbel hatte mittlerweile in Hamburg seine Tragödien *Judith* und *Genoveva* sowie sein Lustspiel *Der Diamant* vollendet – kam er auf die alte Idee zu einem bürgerlichen Trauerspiel mit dem Titel *Klara* zurück:

»Nun stehen mir wieder abscheuliche Tage bevor. Das Lustspiel [*Der Diamant*] ist fertig und ein neues Werk (obgleich sowohl Moloch, wie das bürgerliche Trauerspiel Klara stark in mir rumoren) läßt sich wohl nicht sogleich wieder anfangen.«

Tgb. 2408, 28. 12. 1841; W IV,453.

Ende März 1842 begann Hebbel damit, Erinnerungen an seine Wesselburener Kindheit im Tagebuch festzuhalten (vgl. Tgb. 2520–2523), die später in seine autobiographischen *Aufzeichnungen aus meinem Leben* eingingen und zugleich als Erfahrungsbasis seinem bürgerlichen Trauerspiel zugute kamen (vgl. Kap. II). Aber erst ein Jahr später, Anfang März 1843, machte er sich an die Niederschrift des Stücks. Seit November 1842 befand sich Hebbel in Kopenhagen, wo er sich als dänischer Untertan um die Gunst seines Landesherrn, des Königs Christian VIII., bemühte, in der Hoffnung, eine Professorenstelle in Kiel oder zumindest ein großzügiges Reisestipendium zu erhalten. Unter widrigen Umständen in ungeheizter Wohnung lebend, zog Hebbel sich im Frühjahr eine rheumatische Erkrankung zu. Während der Krankheit begann er die Arbeit an *Maria Magdalena* (dieser neue Titel taucht jetzt neben der alten Bezeichnung ›Klara‹ auf). Über die Fortschritte der Arbeit berichtet Hebbel in Briefen an die Lebensgefährtin in Hamburg:

»Hätte ich vorgestern Abend einen Secretair bei mir gehabt, so hätte ich den ganzen ersten Act meiner Maria Magdalena dictiren können, denn kaum hatte ich die Tropfen in Leibe, als mein so lange trocknes Gehirn Funken zu sprühen anfing, aber ich habe das Meiste festgehalten und gestern und heute auch zum Theil schon aufgeschrieben. Mir geht es, wie Du weißt, immer so, daß mein inneres Leben in krankhaften Zuständen nicht abnimmt, sondern sich steigert.«

Hebbel an Elise Lensing, 8.–20. [12.] 3. 1843; WBA I,445.

»Ich stecke jetzt voll Poesie, das Morgens im Bett schreib' ich regelmäßig an meiner Tragödie fort und sie nimmt zu, aber nur nach und nach, wie eine magere Kuh fett wird [...]. Höchst gespannt bin ich, wie sich mein Meister Anton weiter entwickeln wird, bis jetzt ist's ein prächtiger Kerl.«

Hebbel an Elise Lensing, 8.–20. [15.] 3. 1843; WBA I,447.

»Wundern wirst Du Dich, wenn ich Dir sage, daß ich trotz meiner Krankheit an einer Tragödie arbeite. Allerdings thu' ich das und zwar an der Klara. Der erste Act ist fast fertig und mir gelungen, wie je Etwas. Der Meister Anton, ein *Held* im *Kamisol*, der, wie er sagt, die ›Mühlsteine als Halskrausen trägt, statt damit in's Wasser zu gehen‹, gehört vielleicht zu meinen höchsten Gestalten. Es wird wieder eine neue Welt, kein Pinselstrich erinnert an die vorher vor mir geschaffenen beiden Stücke; ganz *Bild*, nirgends *Gedanke*, aber in *letzter Wirkung*, wenn mich nicht Alles trügt, *von niederschmetternder Gewalt*, bei alledem sogar voll *Versöhnung*, aber freilich nicht zur *Befriedigung* des kritischen *Pöbels*. Mich selbst erschüttert diese Klara gewaltig, wie sie aus der Welt herausgedrängt wird.«

Hebbel an Elise Lensing, 23.–28. [26.] 3. 1843; WBA I,455.

Seit Ende April zurück in Hamburg, kann Hebbel am 1. Mai notieren:

»Heute morgen den ersten Akt vom ›bürgerlichen Trauerspiel‹ geschlossen.«

Tgb. 2677, 1. 5. 1843; W IV,542.

Hebbel war es in Kopenhagen gelungen, vom dänischen König ein zweijähriges Reisestipendium zu erhalten. Im

September reiste er nach Paris. Dort wurde die Arbeit am bürgerlichen Trauerspiel fortgesetzt, alsbald überschattet vom Tod seines Sohnes Max:

»Heute morgen den zweiten Akt am bürgerlichen Trauerspiel geschlossen.«

Tgb. 2801, 17. 10. 1843; W IV,566.

»Am 2ten Oktober starb mein Max [...]. Erst am 22sten Oktober, nachdem er längst bestattet war, erfuhr ichs. [...] O Gott, fröhlich war ich in der Zeit nicht, aber ich arbeitete doch, ich dichtete an meinem Trauerspiel, ich tat mir vielleicht in demselben Augenblick auf eine gelungene Scene etwas zugute und freute mich, als das Kind mit dem Tode kämpfte. Schrecklich!«

Tgb. 2805, 24. 10. 1843; W IV,568.

»Ich habe den Blick wieder auf's Leben gerichtet. Die Tragödie ist mir gewiß, es fehlen nur noch zwei Scenen. Dürfte ich, wie ich mögte, ich ließe sie als Todten-Opfer für mein Kind unvollendet. Aber woher gleich ein neues Werk nehmen, und für die Existenz muß etwas geschehen, man muß schmieden an der Kette, so lange man sie trägt. Das Stück ist mir sehr gelungen, es hat sich zu einer Höhe gesteigert, die ich kaum ahnte, als ich anfing.«

Hebbel an Elise Lensing, 31. 10. 1843; WBA I,505.

Am 4. Dezember 1843 konnte Hebbel den Abschluss seiner Arbeit an dem bürgerlichen Trauerspiel vermelden. Zugleich beginnt damit die Serie von kommentierenden Selbstäußerungen Hebbels zum Stück, die z.T. in das Vorwort zur *Maria Magdalena* eingegangen sind:

»Heute habe ich mein viertes Drama: ›Ein bürgerliches Trauerspiel!‹ geschlossen. Bei dieser Dichtung ging es eigen in mir zu. Es kam darauf an, durch das einfache

Lebensbild selbst zu wirken und alle Seitenblicke des Gedankens und der Reflexion zu vermeiden, da sie mit den dargestellten Charakteren sich nicht vertragen. Das ist aber schwerer, als man denkt, wenn man es gewohnt ist, die Erscheinungen und Gestalten, die man erschafft, immer auf die Ideen, die sie repräsentieren, überhaupt auf das Ganze und Tiefe des Lebens und der Welt zurückzubeziehen. Ich hatte mich also sorgfältig zu hüten, mich bei der Arbeit zu erhitzen, um nicht über den beschränkten Rahmen des Gemäldes hinwegzusehen und Dinge hineinzubringen, die nicht hineingehören, obgleich es eben diese Dinge sind, die mich am meisten reizen, denn das Haupt-Vergnügen des Dichtens besteht für mich darin, einen Charakter bis zu seinem im Anfang von mir selbst durchaus nicht zu berechnenden Höhepunkt zu führen und von da aus die Welt zu überschauen. Ich glaube, daß mir diese Selbst-Aufopferung, diese Resignation auf die Befriedigung meines individuellen Bedürfnisses geglückt ist, eben darum aber rückte das Werk langsam vor, und als ich so recht im Mittelpunkt angelangt war, schleuderte mich der Tod meines Sohnes wieder heraus. Es war meine Absicht, das bürgerliche Trauerspiel zu regenerieren und zu zeigen, daß auch im eingeschränktesten Kreis eine zerschmetternde Tragik möglich ist, wenn man sie nur aus den rechten Elementen, aus den diesem Kreise selbst angehörigen, abzuleiten versteht. Gewöhnlich haben die Poeten, wenn sie bürgerliche Trauerspiele zu schreiben sich herabließen, es darin versehen, daß sie den derben, gründlichen Menschen, mit denen sie es zu tun hatten, allerlei übertriebene Empfindeleien oder eine stöckige Borniertheit andichteten, die sie als amphibienhafte Zwitter-Wesen, die eben nirgends zu Hause waren, erscheinen ließen.«

Tgb. 2910, 4. 12. 1843; W IV,601 f.

Schon vor Abschluss der Niederschrift hatte Hebbel mit Hilfe seines Freundes Heinrich Kisting bei der Schauspielerin Auguste Stich-Crelinger, der Judith-Darstellerin bei der Uraufführung seiner ersten Tragödie am Berliner Hoftheater (Juli 1840), das Interesse für sein neues Stück geweckt. Davon berichtet Hebbel an die Lebenspartnerin in Hamburg und verbindet dies mit aufschlussreichen Kommentaren zum neuen Werk, die ihrerseits zu Teilen seinem Pariser Gesprächspartner Felix Bamberg (vgl. Kap. I: Erläuterungen zum Vorwort) geschuldet sind:

»Von dem alten Kisting hatte ich schon am 27sten v. M. einen Brief, des Inhalts, daß die Crelinger ihn mit großer Herzlichkeit aufgenommen habe und mich auffordern lasse, das Stück, sobald, als möglich, zu schicken. Die Hinterthür wäre also geöffnet und eine Möglichkeit vorhanden, auf die Bretter zu gelangen. Nun war ich aber nicht fertig. Doch ich nahm mich mit Gewalt zusammen, und mein Geist gab die letzte Scene heraus und seit gestern liegt mein viertes Drama: ›Ein bürgerliches Trauerspiel‹ in einer wunderschönen Abschrift, auf Postpapier von meiner Hand geschrieben, vor mir. […]; daß es Dir gefallen würde, setze ich mit einiger Zuversicht voraus, denn es ist nach meinem Gefühl im höchsten Grade gelungen. Mit den allereinfachsten Mitteln wird die höchste tragische Wirkung erreicht, der Alte ist ein Riese geworden und Leonhard ist bloß ein Lump, kein Schuft, der Sohn, der Secretair, sie Alle sind im Recht (worauf ich mir am meisten einbilde, da es allerdings am schwersten ist, aus der bloßen spröden Einseitigkeit, ohne Beimischung des positiv-Bösen die Schuld abzuleiten) und dennoch entbindet sich durch den Zusammenstoß dieser einander innerlich entgegen gesetzten Naturen das furchtbarste Geschick. Im Hintergrund bewegen sich die Ideen der Familie, der Sittlichkeit, der Ehre, mit ihren Tag- und Nacht-Seiten, und Consequenzen dämmern auf, die wohl erst nach Jahrhun-

derten in den Lebens-Katechismus Aufnahme finden werden. Leute, die den Gehalt der Poesie nur im *Stoff* sehen, werden freilich für die allerbedeutendsten Vorzüge dieses Werks unempfindlich seyn, doch auf die kommt es ja auch nicht an. Andere werden das Verdienst des Stücks, eben des Stoffs wegen, nur um so höher schätzen. Ich las es gestern Abend dem Dr Bamberg auf seine Bitte vor und es hat mich nicht gereut, denn er drang gleich bei'm Hören in den innersten Mittelpunct ein und wußte mir nachher über das Ganze auf eine Weise Rechenschaft zu geben, die mich sehr erfreute. Diese Art Darstellung, meint er, habe er für unmöglich gehalten, es sey ihm unbegreiflich, wie ich mich mit niederländischer Treue an den beschränkten Kreis hätte binden und doch das Welt-Ganze zur Anschauung bringen können, und allerdings liegt hierin ein Haupt-Verdienst. Er glaubt, es sey undenkbar, daß die Bühnen dies Stück ablehnen und noch undenkbarer, daß es bei'm Publicum keinen Beifall finden würde. Nun, wir wollen sehen. Ueber Leonhard machte er die sehr richtige Bemerkung, daß er durchaus nicht widerwärtig werde, da er naiv sey; es war mir selbst entgangen, aber es ist richtig, dieser Hundsvott lebt nicht aus einem *Princip*, sondern aus seiner *Natur* heraus, man ärgert sich nicht über *ihn*, sondern über *Gott*, der ihn gemacht hat.
Nun werde ich das Stück denn in den nächsten Tagen nach Berlin absenden, es wird ein heilloses Porto kosten, aber man muß es daran wagen. Von Unaufführbarkeit kann man dies Mal nicht sprechen, weis't man es zurück, so ist es entschieden böser Wille, wir wollen uns aber von vorn herein darauf gefaßt machen. Ich denke dies Drama dem König von Dänemark zu dediciren, wenn ich es heraus gebe; es wird sich sehr eignen, da sich die wichtigsten Betrachtungen daran knüpfen lassen.«

Hebbel an Elise Lensing, 5. 12. 1843; WBA I,522f.

Drei Tage später notierte Hebbel anlässlich der fertiggestellten Reinschrift ins Tagebuch:

»Heute morgen habe ich die Reinschrift des bürgerlichen Trauerspiels geendigt und ein schönes Mspt [Manuskript] liegt vor mir. Nun will es mir doch vorkommen, daß ich auch diesmal etwas Gutes gemacht habe. Bei Dramen, wie Judith und Genoveva zog ich gewissermaßen auf jeder Seite das Resultat des Dichtungsprozesses, bei diesem letzten ist es anders, der Gehalt kann nur im Ganzen, nur in der vollendeten Geschlossenheit der Form gesucht werden und deshalb kann man auch vor dem völligen Abschluß nicht wissen, wie man mit sich selbst daran ist. Jetzt sind alle Mauslöcher ausgestopft und ich bin zufrieden, besonders damit, daß sie eigentlich alle recht haben, sogar Leonhard, wenn man nur nicht aus den Augen läßt, daß er von Haus aus eine gemeine Natur ist, die sich in höhere nicht finden und an sie nicht glauben kann, und daß also die Gebundenheit des Lebens in der Einseitigkeit, aus der von vornherein alles Unheil der Welt entspringt, so recht schneidend hervortritt, weshalb ich mich denn auch wohl gehütet habe, den Hauptcharakter, den eisernen Alten, am Ende in dem Scheidewasser, das der Sekretär, den der Tod einen Blick in die Verwirrung tun läßt und auf den Punkt, von wo aus die Übersicht möglich wird, erhebt, sterbend gegen ihn ausspritzt, aufgelöst erscheinen zu lassen, er darf nicht weiter kommen, als zu einer *Ahnung* seines Mißverhältnisses zur Welt, zum Nachdenken über sich selbst. Leonhard ist ein Lump, aber eben deswegen - ein Lump kann nichts Böses tun!«

Tgb. 2926, 8. 12. 1843; W IV,604f.

Bei der Übersendung des Manuskripts nach Berlin erläutert Hebbel im Begleitbrief an Auguste Stich-Crelinger (1795–1865) Absicht und Eigenart des Stückes, das er vorerst lediglich unter dem Gattungstitel ›Ein bürgerliches

Trauerspiel‹ präsentiert, um das Missverständnis zu vermeiden, er habe erneut ein Drama aus biblischem Stoffkreis – als Gegenstück zur *Judith* – geschrieben:

»Angeschlossen nehme ich mir die Freiheit, Ihnen das Stück, von dem mein alter Freund Kisting Ihnen gesprochen hat, zu übersenden. Ich glaube, es ist in jeder Beziehung darstellbar und empfehle es zu diesem Zweck angelegentlichst in Ihre Protection. Der Titel, unter dem ich es drucken lassen und die Heldin in den von Judith und Genoveva eröffneten Frauen-Kreis einführen werde, ist Maria Magdalena, da dieser symbolische Titel aber zu Mißverständnissen Anlaß geben könnte, so habe ich an seiner Statt für's Erste den allgemeinen: ein bürgerliches Trauerspiel! gesetzt. Es ist das dritte Glied einer großen Kette von Tragödien, in welchen ich den Welt- und Menschen-Zustand in seinem Verhältniß zu der Natur und zum Sitten-Gesetz, dem wahren, wie dem falschen, auszusprechen gedenke. Speciell hatte ich bei diesem Stück noch die Absicht, das bürgerliche Trauerspiel einmal aus den dem bürgerlichen Kreise ursprünglich eigenen Elementen, die nach meiner Ansicht einzig und allein in einem tiefen, gesunden und darum so leicht verletzlichen Gefühl und einem durch keinerlei Art von Dialectik u[nd] kaum durch das Schicksal selbst zu durchbrechenden Ideenkreis bestehen, aufzubauen. Wenn dies Stück daher, abgesehen von der größeren Kette, in der es ein nothwendiges […] Glied bildet, ein partielles Verdienst hat, so dürfte es darin liegen, daß hier das Tragische nicht aus dem Zusammenstoß der bürgerlichen Welt mit der vornehmen, woraus freilich in den meisten Fällen auch nur ein gehaltloses Trauriges hervor geht, abgeleitet ist, sondern ganz einfach aus der bürgerlichen Welt selbst, aus ihrem zähen u[nd] in sich selbst begründeten Beharren auf den überlieferten patriarchalischen Anschauungen und ihrer Unfähigkeit, sich in verwickelten Lagen zu helfen.

Ich hoffe, die Heldin, deren Geschick aus einem Minimum von Schuld entspringt und dennoch bis zum Ungeheuren anwächs't, soll sich in Ihr Herz schleichen, ohne daß Sie dem, der sie in den Tod hinein treibt und bis an's Ende unerschüttert bleibt, darum gram werden; ja nur die Felsenhaftigkeit des Alten dürfte mit ihm und mit der Grundidee des Ganzen aussöhnen und die Beschwichtigung, deren das menschliche Gemüth bedarf, herbei führen, man sieht, daß er nicht anders kann, wenn er auch mögte, dadurch ist er, und der Dichter mit ihm, gerechtfertigt.«

Hebbel an Auguste Stich-Crelinger, 11. 12. 1843; WBA I,525 f.

Die weitreichenden Erwartungen, die Hebbel mit einer Aufführung seines neuen Stücks in Berlin verband, wurden jedoch alsbald enttäuscht. Auguste Stich-Crelinger verweigerte die erbetene Protektion mit der Begründung, das Stück sei nicht spielbar wegen der Schwangerschaft der Heldin (vgl. Brief an Hebbel 6. 1. 1844, zit. in Kap. IV,72 ff.). Mit Verbitterung notiert Hebbel ins Tagebuch:

»Sonntag erhielt ich einen Brief der Mad$^{me}$ Crelinger über Maria Magdalena. Es ist wieder nichts. Ich bin ein sehr talentvoller Mensch, habe Gedanken, Sprache, was weiß ich, was alles mehr, aber – – die Heldin ist schwanger, und das ist ein unüberwindlicher Stein des Anstoßes. O Pöbel, Pöbel! Wäre ich bemittelt, wie wollte ich darüber lachen, nun ich ein armer Teufel bin, ists ein Donnerschlag. Ja wohl – wenn man in der Krankheit selbst die Gesundheit aufzeigen könnte! Wenn man Arzt sein könnte, ohne sich mit dem Fieber zu befassen!«

Tgb. 3001, 23. 1. 1844; W IV,632.

Anfang Februar erhielt Hebbel jedoch günstigere Nachricht aus Berlin: Otto Crelinger, der Ehemann der Schauspielerin, und ein mit ihm befreundeter Literaturkritiker hatten sich über das Stück sehr lobend geäußert und hielten es für durchaus spielbar (vgl. die Beilage zum Brief von Heinrich Kisting an Hebbel 3. 2. 1844; WBA I,558). Hebbel setzte neue Hoffnung auf das Berliner Hoftheater (vgl. Tgb. 3053, 8. 2. 1844). Zugleich bemühte er sich um die Publikation des Stücks. Dazu verfasste er das Vorwort, das er seinem Hamburger Verleger Julius Campe vorab zu senden gedachte, um diesen auf das neue Drama einzustimmen. Davon berichtet er Elise Lensing:

»An Campe habe ich noch nicht geschrieben, es ist aber höchst nothwendig, daß es allernächstens geschieht [...]. Ich denke ihm das Vorwort zu senden, es wird ihn über Vieles aufklären und ihn vielleicht geneigter machen, auf meine Vorschläge einzugehen. Dies Vorwort ist mir außerordentlich geglückt, ich habe die allerwichtigsten Puncte darin auf eine Weise auseinander gesetzt, daß, wenn der gemeine Haufe der Recensenten mich auch nur a la Heiberg versteht, er doch auf Vieles in meinen Werken, was ihm bis jetzt völlig entgangen ist, aufmerksam werden und sich dann vielleicht stellen wird, als ob er es auch ohne die von mir angezündete Laterne entdeckt hätte. Das kann mir aber nur recht seyn. Jung-Deutschland, die schwäbische Schule, die politischen Poeten, die neuen Dramatiker, Alles wird im Vorbeigehen abgethan, und ohne wirkliches Blankziehen, ganz einfach durch Entwickeln der Ideen, wie die Sonne den Nebel verzehrt. Dr Bamberg, der mich gestern Morgen dabei sitzen sah, sagte: verantworten Sie Sich noch immer über die schreckliche Sünde, daß Sie Gedichte gemacht haben? Darin besteht allerdings das ganze Geschäft, aber ich denke, die Luft soll reiner werden, denn die guten Freunde, die an meinen Sachen mäkeln wollen, müssen nun doch wenigstens auf die Puncte, auf die es ankommt, eingehen, sie können sie nicht länger ignoriren, und dann handelt es sich ja nur noch darum, ob die Zähne fest sitzen, wenn sie mir die Hand in's Maul stecken, um sie auszuziehen.«

Hebbel an Elise Lensing, 13. 2. 1844; WBA I,560.

»Das Vorwort macht mir auch jetzt noch zu thun, es ist ein Manifest im eigentlichsten Verstande und nebenbei eine Kriegs-Erklärung, kein Wunder, daß es sich nicht so aus dem Ermel schütten läßt. Gut wird es, das ist gewiß, und Wirkung wird es auch haben, es frägt sich nur, ob der Respect, den es einflößen, oder die Wuth, die es auf manchen Seiten rege machen wird, größer seyn werden.«

Hebbel an Elise Lensing, 26. 2.–6. 3. [26. 2.] 1844; WBA I,566.

Am 18. März schickte Hebbel das fertiggestellte Vorwort dem Verleger:

»[...] ich denke, das Vorwort soll ihm imponiren, es ist das Beste, was ich in Prosa jemals geschrieben habe. Nun muß man den Erfolg abwarten.«

Hebbel an Elise Lensing, 24.–25. 3. 1844; WBA I,574.

Mit dem Vorwort zur *Maria Magdalena* hatte Hebbel nach eigener Überzeugung die theoretische Grundlegung für seine gesamte dramatische Produktion geschaffen. Einen Einblick in deren systematischen Zusammenhang eröffnete er dem Verleger Campe in dem wichtigen Brief vom Juni 1844. Mittlerweile hatte Hebbel erfahren, dass sein bürgerliches Trauerspiel von der Generalintendantur in Berlin endgültig abgelehnt worden war. Umso dringlicher erschien ihm jetzt die schnelle Herstellung der Druckfassung:

»Das Vorwort haben Sie jetzt wohl gelesen. Ich sandte es Ihnen, weil ich Ihnen einen Ueberblick über den ganzen dramatischen Feldzug, den ich beabsichtige, zu geben

wünschte, den Sie nach den beiden ersten Stücken nicht haben konnten, und den Sie doch haben mußten, wenn der augenblicklich vielleicht nicht ganz entsprechende Erfolg nicht entmuthigen sollte. Ich habe mir kein geringeres Ziel gesteckt, als den ganzen gegenwärtigen Welt-Zustand, wie er sich im Verlauf der Geschichte abwickelt und jetzt zur Katastrophe, denn unläugbar steht uns eine solche in Staat und Kirche, wie in Wissenschaft und Kunst bevor, gesteigert hat, in einer Reihe von mit einander correspondirenden Lebens-Bildern darzustellen. Ob ich dieß Ziel ganz erreichen oder einem Nachfolger einen Theil der Arbeit unerledigt zurücklassen werde, kann ich nicht wissen, aber dieß weiß ich, daß die dramatische Kunst jetzt nur noch diese Aufgabe zu lösen hat, und daß Jeder, der nicht von vorn herein zu den Todten und Gespenstern gerechnet seyn will, meinen Weg gehen muß. Das Princip steht fest, es handelt sich nur noch um meine persönliche Stellung zu dem Princip. Ich werde die ganze Aufgabe in folgenden Stücken, die alle nur eine einzige Kette bilden, abzuthun suchen. Die Vergangenheit in *Judith* (Judenthum und Heidenthum) *Genoveva* (Christenthum) *Maria Magdalena* (Moral, Sittlichkeit, Ehre, Familie) *Moloch* (positive Religion) *Christus* (das Mysterium). Die Gegenwart in *Fiat iustitia et pereat mundus*; *Genie und Welt*; *der Diamant*. Die Zukunft in: *Zu irgend einer Zeit*. Dazwischen liegen nur noch einige Mittel-Glieder. [...]
Mein neues Stück ist trotz der entschiedensten Anerkennung, die es in Berlin gefunden hat, doch von der dortigen Bühne zurück gewiesen worden. [...] Ich habe mich sehr geärgert, denn dieß Stück ist in jeder Beziehung aufführbar und könnte – ich gebe Ihnen mein Wort! – *von der Kanzel abgelesen werden zur Erbauung der Gemeinde*, so zart ist es gehalten.«

Hebbel an Julius Campe, 2. 6. 1844; WBA I,612–614.

Am 31. Juli erbat Hebbel in einem devoten Brief an König Christian VIII. (WBA I,640) die Genehmigung zur Dedikation. Der Druck des Stücks machte rasche Fortschritte, und Hebbel musste sich im August in aller Eile den Text der bereits vom Verleger eingeforderten Widmung abzwingen, obgleich vom dänischen König noch keine Erlaubnis eingetroffen war:

»Campe hat den Druck meiner Maria Magdalena so sehr beschleunigt, daß es fast schon zu Ende ist und verlangte nun die Dedication an den König von Dänemark; ich hatte, da ich die letzte Zeit sehr von Kopfweh geplagt war, sie liegen laßen und mußte sie meinem dumpfen Kopf nur mit Gewalt abdringen und das hat mir mehrere Tage weggenommen. Gestern habe ich die Dedication abgesandt, [...].«

Hebbel an Charlotte Rousseau, 17. 8. 1844; WBA I,652.

Hebbel konnte von Paris aus den Druck und die Endredaktion des Stücks in Hamburg nur indirekt überwachen. Seine Stimme vor Ort war Elise Lensing, die nicht nur die Korrekturen besorgte, sondern auch die Szeneneinteilung für die Druckfassung des Stücks vornahm. Vorwort und Widmung bereiteten den Setzern allerdings größere Schwierigkeiten. Überdies war die Genehmigung zur Dedikation aus Kopenhagen noch nicht eingetroffen. Hebbel aber saß im September auf gepackten Koffern. Er wollte Paris in Richtung Rom verlassen. Über die Endphase der Druckgeschichte erfährt man interessante Details aus Briefen an Elise Lensing bzw. Julius Campe:

»Ich wollte den 1sten Sept. abreisen und bin nur ungern länger geblieben, denn mein Bischen Geld schmilzt ja immer mehr zusammen; aber ich habe noch immer nicht die Antwort aus Copenhagen hinsichtlich der Annahme der Dedication und eben so wenig aus Hamburg das Buch.

Campe ist jedoch nicht Schuld an der Zögerung, denn Alles ist schon gedruckt; aber man hat das Vorwort nicht lesen können und er hat mir daher die Correctur desselben nach Paris schicken müssen. Vor 8 Tagen traf sie ein, ich habe sie gleich zurückgesandt und werde nun wohl zum 12ten ein Exemplar haben. Die ersten 3 Bogen vom Stück habe ich schon, die Ausstattung ist sehr schön und die Druckfehler unbedeutend. Ich danke Dir für die Genauigkeit, womit Du die Aenderungen und die Scenen-Eintheilung gemacht hast; die Aenderungen zum Vorwort hat Campe selbst besorgt. Träfe nun doch nur aus Cop:[enhagen] endlich die Resolution ein! Ich muß fort! [...] Ich habe Campe geschrieben, daß er *alle* Exemplare des Stücks an Dich schicken soll, weil sie hier zu spät eintreffen würden; Du mußt dann die nöthigen nach Copenhagen besorgen. Das schönste muß für den *König* in *Maroquin** mit Goldschnitt gebunden werden, die übrigen gehen ungebunden ab. Alles geht durch den *Dänischen Consul* in *Hamburg*, dem Du gewiß nur zu sagen brauchst, daß es ein dem *König dedicirtes* und von *ihm angenommenes Werk* sey, um ihn willfährig zu machen. [...]
Das Vorwort kennst Du noch nicht, es ist gut, aber stark. Die Dedication ist metaphysisch, also schlecht. Ich hatte nur 2 Tage Zeit, sie zu machen.«

Hebbel an Elise Lensing, 7. 8.–7. 9. [7. 9.] 1844; WBA I,648 f. und 651.

»Es ist nach 4 Uhr, ich bin den ganzen Tag wegen meiner Pässe herum gelaufen, und eben, da ich ins Haus trete, übergiebt mir die Concierge Ihr Paquet. Ich thue einen flüchtigen Blick hinein und erblicke in der Dedication einen solchen Druckfehler, daß ich verzweifeln mögte. Das

* Hochwertiges Ziegenleder für Bucheinbände mit charakteristischer grober Narbung, urspr. aus Marokko.

Uebrige zu lesen, habe ich keine Zeit mehr, denn ich reise morgen ab und würde gereis't seyn, wenn das Paquet auch nicht angelangt wäre, da ich nicht länger warten konnte. Doch, darin mag an Fehlern vorkommen, was will: ich will die Strafe meiner schlechten Handschrift, die ich nicht für so undeutlich hielt, tragen und mich bessern. Aber dieser Druckfehler in der Dedication kann nicht passiren, es ist aus äußeren und inneren Gründen unmöglich, ich kann doch nicht offenbaren Un-Sinn in die Welt schicken und ihn noch obendrein an den König von Dänemark adressiren. [...]
Es steht nämlich im 1$^{sten}$ Vers der 3$^{ten}$ Strophe:

Nur mit sich selbst in's Einzelnste zerfließend

statt:

Nur weil sie selbst, ins Einzelste zerfließend,

und das kann nicht stehen bleiben, es giebt keinen Sinn und würde mir Anspruch auf einen Platz im Irrenhaus geben. Wäre es nicht die Dedication, so ließe ich es dennoch passiren, aber in der finden Sie es gewiß eben so unmöglich, wie ich selbst. Es muß also entweder dieser grauenvolle Fehler noch auf einem Blättchen angezeigt und mit meiner Abwesenheit entschuldigt, oder die Strophe muß umgedruckt werden. Letzteres wäre in diesem kitzlichen Punct freilich das Geziemendste, und ich will die Kosten gern tragen, aber an Letzterem muß ich mir genügen lassen, wenn Jenes nicht geht.
[...] Aus Copenh:[agen] habe ich noch keine Antwort, kann sie hier auch nicht länger abwarten, aber Oehlenschläger, der hier ist, wird sie gleich nach Hamburg befördern, wenn sie kommt und Sie werden sogleich Nachricht erhalten.«

Hebbel an Julius Campe, 23. 9. 1844; WBA I,657.

Am 26. September 1844 reiste Hebbel aus Paris ab, am 3. Oktober erreichte er Rom. Campe hatte das Buch ausgeliefert, ohne den Fehler in der Widmung zu korrigieren und ohne das Plazet des dänischen Königs abzuwarten. Dieser reagierte ungehalten über den Regelverstoß. Hebbel schrieb im Dezember von Rom aus einen ›alleruntertänigsten‹ Entschuldigungsbrief, jedoch ohne großen Erfolg: Der König blieb verstimmt und sperrte sich gegen Hebbels Bitte um Verlängerung seines Reisestipendiums.

# IV. Dokumente zur Rezeptionsgeschichte

## 1. Die zeitgenössische Rezeption

Die Rezeptionsgeschichte der *Maria Magdalena* beginnt im Januar 1844 mit der Reaktion der Schauspielerin AUGUSTE STICH-CRELINGER (1795–1865) auf das Manuskript, das Hebbel nach Berlin geschickt hatte in der Hoffnung, die ehemalige Judith-Darstellerin werde sein neues Stück zur Aufführung am Hoftheater empfehlen (vgl. Kap. III,63 f.). Der berühmte Ablehnungsbrief der Stich-Crelinger lautet:

»Der Empfang Ihres gütigen Schreibens vom 11ten v. M. und des mir mit demselben übersandten Stückes, war für mich das erste freudige Ereigniß am Neujahrsmorgen, und ich, die, wie Sie schon gemerkt haben müssen, ängstlich auf den dramatischen Messias harrt, will Ihr Werk in vieler Hinsicht als eine gute Vorbedeutung betrachten. Ich habe das ›bürgerliche Trauerspiel‹ zweimal schnell hintereinander gelesen, oder vielmehr: einmal verschlungen und dann gelesen! Indem ich aber nun daran gehen will, meine Meinung über dasselbe gegen Sie auszusprechen, sinkt mein Muth. – Weiß auch ein Dichter was er thut, wenn er das Urtheil eines Schauspielers heraus fordert? Wir sollen die kalte, nüchterne Bühnen-Konvenienz dem aus glühender Ueberzeugung entsprungenen Dichterwerke anpassen! Wir sollen, wo wir nicht gewissenhaft beipflichten können, unwahr seyn, oder den Dichter in dem verletzen, was er in seinen schönsten Stunden, mit seinen besten Kräften und seiner heiligsten Ueberzeugung geschaffen hat! Und was berechtigt uns zu diesem oft peinlichen und immer gefährlichen Richteramt? Die besten Schauspieler sind nimmermehr die Pairs eines wahren Dichters. Doch bei allen diesen Bedenklichkeiten beruhigt mich das Eine:

Sie sind von meiner Aufrichtigkeit überzeugt; ich kann mich irren, mein Urtheil kann ein kleinliches seyn, aber ein gewissenhaftes ist es zuverlässig. Zuvörderst also lassen Sie mich Ihnen Glück wünschen zu den Fortschritten, die Sie in dem gemacht haben, was wir *dramatisches Geschick* nennen. Die Behandlung der Idee, die Verknüpfung der Situationen, die Herbeiführung spannender und effektvoller Scenen, die Berücksichtigung der theatralischen Wirkung (mit Ausnahme des jähen Todes der Mutter) die kräftige, gedankenreiche Sprache, sind Vorzüge, die in dem Grade wenige Deutsche Dichter mit Ihnen theilen. Man merkt es Ihnen an, daß Sie nun schon Vieles gesehen haben, was dem dramatischen *Handwerk* zu Gute gekommen ist. Nur *Eins*, eine Kleinigkeit wenn Sie wollen, aber nach meiner Ansicht eine unübersteigliche Schwierigkeit, sobald es sich um die Aufführung handelt, das Hauptmotiv der Handlung, die offenkundige Schwangerschaft der Heldin, stößt Alles über den Haufen. Wie können Sie nur denken, daß das geht. Der französische dramatische Schriftsteller wagt mehr als irgend ein anderer, fragen Sie ihn, ob er es wagen würde, dem Publicum des Théatre français oder des Gymnase eine schwangere Heldin vorzuführen. Man mag noch so wenig prüde seyn, so lehnt sich doch das Gefühl so sehr gegen eine solche Situation auf, daß Ihr Stück, kaum beim Lesen, am wenigsten aber auf der Bühne zu seiner wahren Wirkung kommen kann. Und was das Schlimmste ist, man kann Ihnen keine Veränderung keine Beschönigung vorschlagen, denn auf diesem *unmöglichen* Motive beruht das ganze Stück. Es ist ein Jammer, und Sie sind der höchsten Mißbilligung werth, daß Sie da, wo unendlich viel Schönes geboten wird, einen Pinselzug in das Gemälde gebracht haben, der die beabsichtigte Wirkung, nicht schwächt, aber uns zwingt das Bild dem Auge des Publicums zu entziehen. Sie sind ein Mörder an Ihrem eigenen Genius. Ist es die Sucht nach Ungewöhnlichem, oder ist es eine Lücke in Ihrem geistigen Organismus, daß Sie die zarten Gesetze der Sitte (ich meine nicht die der Konvenienz) auf so naive Weise mit Füßen treten? Oder soll ich mit Ihrem Meister Anton ausrufen:

›Ich verstehe die Welt nicht mehr!?‹

Wäre dieser, in meinen Augen unauslöschliche Flecken nicht in dem Stücke, mit welcher Begeisterung mit welchem Stolze würde ich Ihrem Werke den Weg auf die hiesigen Bretter gebahnt haben? Was für Charaktere: Anton, Klara, der Secretair! An Karl würde *vielleicht* Einiges geändert, oder vielmehr etwas hinzugefügt werden müssen, um dieser Figur mehr Deutlichkeit zu geben. Der Leonhard ist vortrefflich; ein ächter Teufel, und doch ein ganzer Mensch. Was hilft das Alles; ich bin entzückt, und muß doch die Hände sinken lassen. – Wenn ich bedenke, was Sie dem Theater seyn könnten, wenn Sie wollten dann bin ich wahrhaft böse auf Sie, daß Sie selbst sich und uns Steine in den Weg legen.

Ich weiß nicht, wie Sie dieses Schreiben aufnehmen werden; ich kenne Sie zu wenig, um mit Bestimmtheit behaupten zu können, daß es Sie nicht beleidigen werde; aber ich denke, Sie achten mich genug, um Wahrheit von mir zu erwarten. Ihr Stück behalte ich, bis ich höhre, was Sie darüber beschließen. Wollen Sie es, trotz meiner Einwendung damit versuchen, und es bei dem hiesigen Theater einreichen, so will ich gern aus wahrer Achtung vor Ihrem großen Talent, die *schweigende* Vermittlerin seyn.

Leben Sie wohl, und, zum Beweise, daß Sie nicht zürnen, schreiben Sie mir bald wieder. Vielleicht finden Sie einen Ausweg, ich sehe keinen; denn mit der bloßen folgenlosen Verführung ist bei Ihrer Heldin nicht durchzukommen!«

Auguste Stich-Crelinger an Hebbel, 6. 1. 1844; WBA I,549f.

Hebbel rechtfertigt sich in seinem Antwortbrief mit Hinweis auf Goethes *Faust* und *Egmont* und fügt allgemein tragödientheoretische Erwägungen hinzu, die bereits Argumente aus dem späteren Vorwort vorwegnehmen:

»– Ich weiß recht gut, daß Sie mein Werk nicht mit Ihren, sondern mit den Augen des Publ.[ikums], betrachtet haben; meine Einwendungen gelten also auch nicht Ihnen, sondern dem Publ., das wir allerdings nicht verändern können. Aber dem Publ. ist diese Situation, ohne die mein Stück unmöglich ist, an die es geknüpft ist, wie die Blume an die schwarze Erde, aus der sie hervor wächst, ja nicht fremd. *Gretchen* im Faust ist auch eine schwangere Heldin, und dies Gretchen gehört nicht bloß zu den höchsten und reinsten Gestalten aller Poesie, sondern es wird gespielt, eben aber auf den Zustand des Mädchens wird die ganze Catastrophe gebaut, mit jenem fällt sie weg und mit ihr der ganze Faust. *Klärchen*, im Egmont ist noch etwas viel Schlimmeres, sie ist eine Dirne, die Dirne eines Grafen, den sie nie besitzen kann, aber weil der Dichter sie mit einem über alle bloße Sitte weit hinaus gehenden und sie vergessen machenden sittlichen Adel zu umkleiden wußte, fällt das Keinem ein, oder doch nur Demjenigen, dem auch bei Raphaels Madonna Allerlei einfällt. Das Problematische ist der Lebens-Odem der Poesie und ihre einzige Quelle, denn alles Abgemachte, Fertige, still in sich Ruhende, ist für sie nicht vorhanden, so wenig, wie die *Gesunden* für den *Arzt*. Nur, wo das *Leben* sich *bricht*, wo die *inneren* Verhältnisse – die äußeren sind für den Handwerker da, der sie durch einander schiebt und dadurch denn freilich auch die müssige Neugier befriedigt, ja, wenn er sie wieder zurecht rückt, eine so vollständige Versöhnung zu Stande bringt, daß der wahre Dichter, der sich eben mit dem Unauflöslichen beschäftigt, und der das Böse so wenig aus dem Ring seines Dramas verweisen kann, als Gott es aus der Welt verweisen konnte, weit hinter dem Mann zurück bleibt – nur wo die inneren Verhältnisse sich verwirren, hat die Poesie eine Aufgabe, und wenn es ihr verwehrt wird, sie hier zu suchen, wenn man sie, statt sie zu fragen: bringst Du die *Gesundheit*, nämlich den geläuterten sittlichen Zustand, wieder hervor, fragt, warum sie sich mit einem so häßlichen *Fieber*, worin die Helden nur noch Unterjacken, aber nicht die Toga tragen, befaßt, so ist kein dramatischer Messias möglich, oder vielmehr, da das Drama sich auch im Nothfall selbständig entfalten kann, er wird für das Theater seiner Zeit nicht vorhanden seyn. Nur auf die Behandlung des Processes, und auf das Resultat, das aus ihm hervorgeht, kommt es an, und was die Behandlung des hier in Frage stehenden Verhältnisses betrifft, so weiß ich, daß sie nicht zarter seyn kann, und bilde mir auf diesen Mädchen-Character, besonders aber auf die Spitze desselben in der Schluß-Scene des zweiten Acts – wenn ich es anders sagen darf – etwas ein. Das Resultat aber ist ein so vollständiges, wie nur irgend möglich, denn ein Fehltritt, der eigentlich gar keiner ist, weil das unglückliche Wesen ja nicht sowohl vom geraden Wege abweicht, als aus diesem Wege heraus gedrängt und gestoßen wird, kann nicht entsetzlicher gebüßt werden, und ich dächte, das Tragische der ganzen Situation, das sich mit dem Bedenklichen *zugleich*, nicht erst *hinterher*, entfaltet, sollte jeden Gedanken an dieses entfernt halten. Ja, ich bin überzeugt, daß eine Schauspielerin, die auf die tragischen Motive das gehörige Gewicht legt, die übrigen eben so gut vergessen macht, als uns im Faust Gretchens o neige, neige, Du Schmerzensreiche pp über das Anstößige Ihres Zustandes weit hinaus führt. Es ist gewiß nicht die Sucht nach dem Ungewöhnlichen, und hoffentlich auch keine Lücke in meinem geistigen Organismus, was mich veranlaßt, meine Gebilde so und nicht anders hinzustellen; ich befolge nur das einfache Gesetz, das zu allen Zeiten von den Meistern der tragischen Kunst befolgt wurde: das minder Wesentliche dem Wesentlichen zu opfern. Jeder wird mir zugeben müssen, daß mein Stück ohne den Punct, der eingeräumt werden muß, nicht möglich ist; Mancher wird aber doch Anstand nehmen, zu sagen, daß es auch besser sey, wenn es wirklich nicht existirte.«

Hebbel an Auguste Stich-Crelinger, 23. 1. 1844; WBA I,551 f.

Hebbels Rechtfertigungsversuch und weitere Fürsprachen in Berlin blieben ohne Erfolg. So beschränkte sich die Rezeption der *Maria Magdalena* vorerst auf die Lektüre.
Der Umstand, dass Hebbels *Maria Magdalena* in Berlin abgelehnt worden war, war den Rezensenten natürlich nicht verborgen geblieben. So war die Frage der ›Sittlichkeit‹ des Stückes im Zusammenhang mit seiner Theatertauglichkeit ein Dauerthema der Rezensenten. THEODOR ALTHAUS (1822–1852), Redakteur der Leipziger *Blätter für literarische Unterhaltung* und Verfasser schon jener ambitionierten *Genoveva*-Rezension, die Hebbel im Vorwort lobend erwähnt (vgl. Erl. in Kap. I,20), setzt sich in seiner Rezension des neuen Stücks ausführlich mit diesem vielbesprochenen Problem auseinander. Ein weiterer, vielfach kritisierter und durch die gesamte Rezeptionsgeschichte hindurch immer wieder diskutierter Aspekt des Hebbelschen Trauerspiels – die fehlende Versöhnungsperspektive – wird am Ende der Rezension – in Form einer leisen Anmahnung – berührt:

»Ein nicht unwichtiger Punkt bei Beurtheilung der ›Maria Magdalena‹ ist das Sittliche. Man hört hin und wieder gegen die Magdalena Stimmen, welche vom Standpunkte der Moral – wie sie behaupten – sich geltend machen. Die Moralbegriffe sind in unserm Decennium in hohem Grade schwankend, unbestimmt. Die Moral ist jetzt weniger eine Angelegenheit des Herzens, des innern entschiedenen Bewußtseins, als der Speculation. […]

Der Materialismus in der heutigen Moral geht so weit, daß man die Handlungen nicht nach ihrer Tendenz, nach ihrem Zweck, sondern nur nach ihrem Erfolg beurtheilt. Wer siegt, wer gewinnt, wer das letzte Wort behält, wer den längsten Athem hat, der behält Recht. Mit dieser ganz äußerlichen Auffassung hängt es zusammen, daß man behauptet, ›Maria Magdalena‹ sei ein unsittliches Drama, weil Clara über ihre Hingebung an Leonhard mit ganz unverschleierten Worten spricht, und man erzählt, daß eine Schauspielerin in Berlin sich deshalb geweigert habe, die Rolle zu spielen. Unsinn! In französischen Dramen gaukelt man mit Vergnügen an der Grenze des Frivolen, des Üppigen, des Zotenhaften hin und her, und man bringt diese Piecen in Deutschland zur Aufführung; in Tänzen, Geberden sieht man auf deutschen Theatern die größten Obscönitäten und schweigt, oder lacht und ergötzt sich – innerlich gewiß. Jeder Verständige wird mir Recht geben, wenn ich behaupte, daß auf dem Gebiete der Poesie, der Kunst überhaupt, nur dann von Unsittlichkeit die Rede sein könne, wenn der Dichter oder der Künstler mit Absicht und Bewußtsein, ohne daß es der Zusammenhang seines Werkes gebietet, das Üppige, gar das Frivole und Lüsterne mit Vorliebe darstellt; ferner wenn er Lüge für Wahrheit, Diabolisches für rein Menschliches, Ordinaires für Edles, Niederträchtiges für Recht ausgeben will; diese Verirrung, diese Täuschung ist durchaus unsittlich. [...] Hebbel wird weder von dem einen noch dem andern Vorwurf getroffen [...].
Hebbel's ›Magdalena Maria‹ [sic!] ist von mehr als ephemerem und relativem, sie ist von bleibendem wahrem Werth; erstens als Kunstwerk, zweitens als Bild der Zeit. Wie unser bürgerliches Leben gestaltet und gespaltet ist, wiefern es Theil hat an den großen Ideen, welche die Zeit bewegen, wiefern demselben der Ruhm hoher Intelligenz, gesunder Moral, gesunder bürgerlicher Institutionen gebührt – das stellt dies Drama besser dar als viele Handbücher der Weltgeschichte und des Staatslebens.

Mit ›Maria Magdalena‹ hat Hebbel erschüttert; vielleicht gefällt es ihm, bald auch Morgenröthe oder Versöhnung zu malen. Verheißen zu haben scheint er es in den Schlußworten des Trauerspiels, welche heißen: ›Ich verstehe die Welt nicht mehr.‹«

Blätter für literarische Unterhaltung 277 (4. Okt. 1845). S. 1111f.

Der erste Versuch, *Maria Magdalena* auf die Bühne zu bringen, wurde schließlich 1846 in Königsberg unternommen. Zusammen mit einem nach französischer Vorlage gearbeiteten Lustspiel (*Drei Feen von Paris*) wurde Hebbels Trauerspiel im dortigen Stadttheater am 13. März uraufgeführt. Diese Uraufführung war offenbar ein ziemlicher Misserfolg. So schreibt der Königsberger Korrespondent der Leipziger *Theater-Locomotive* (A. Bertholdi):

»Es thut mir leid, gestehen zu müssen, daß das Theater-Publicum der ›Stadt der reinen Vernunft‹ dieses großartige Drama nicht goutirte. Das Publicum schien die Tendenz des Dichters nicht zu begreifen, es capirte nicht, daß der Dichter in der ›Maria Magdalena‹ ein Bild unserer sittlich socialen Verhältnisse in derselben Absicht hingestellt wie Cola Rienzi das Bild auf dem römischen Forum, damit wir davor erschrecken und dadurch angeregt werden sollen, unsere Begriffe von Ehre und Tugend zu rectifizieren. Das Publicum der ›Stadt der reinen Vernunft‹ benahm sich so echt spießbürgerlich *prüde* dabei, *es wehrte sich gegen den vernichtenden Eindruck*, und die Dämchen hielten die weißen Schnupftücher vor die Augen, und taten als ob sie sich schämten und sagten den andern Tag beim Thee: ›Das Stück sei recht schön, aber eine Dame von Reputation könne doch nicht ein Stück mit ansehen, dessen Heldin ‚eine Verführte' sei.‹«

Zit. nach: Sievers 1933. S. 24.

So kam es in Königsberg nur zu einer Wiederholung (16. März 1844). *Maria Magdalena* wurde in den Monaten darauf auch in Göttingen und Münster auf die Bühne gebracht. Eine Aufführung in Breslau war geplant, wurde dann aber verboten. Hebbel registrierte das mit Unwillen im Tagebuch (Tgb. 3613). Mit größerem Erfolg (und immerhin drei Wiederholungen) wurde das Trauerspiel am 19. Oktober 1846 am Leipziger Stadttheater unter der Leitung und Mitwirkung des Oberregisseurs Heinrich Marr aufgeführt. Als ein Ereignis von überregionaler theatergeschichtlicher Bedeutung wird diese Leipziger Erstaufführung von FERDINAND GUSTAV KÜHNE (1806–1888), dem dem ›Jungen Deutschland‹ kritisch verbundenen Schriftsteller und Herausgeber der Leipziger Zeitschrift *Europa*, begrüßt:

»[Hebbel's Maria Magdalene.] Diese großartige bürgerliche Tragödie ist auf den Brettern vor uns erschienen; die Leipziger Bühne hat ihr Winterhalbjahr damit eröffnet. Das Wagniß dies Stück zu spielen, gereicht dem Leiter dieses Theaters wie den Darstellern gleich sehr zur Ehre, und das Gelingen dieses Wagnisses ist in zweifacher Beziehung für uns ein Triumph. Daß mitten unter den deutschen und französischen Fabrikarbeitern und Routiniers ein wirklicher Dichter von ächtem Schrot und Korn sein Haupt erhebt, von aller coquetten Gleißnerei weit entfernt, frei, sicher und ganz sich selbst hingegeben sich geltend macht, kann nicht anders denn als ein Triumph bezeichnet werden. [...] In Hebbel haspeln nicht Marionettenfiguren ein Intriguenspiel zusammen; gegen solche fadenscheinige Arbeit ist Hebbel's Magdalene ein Gewebe von körnigem Zeug das Fülle, Glanz und Strich hat, aber keine brillante Appretur, keinen Firniß der über die Armseligkeit des Inhalts täuschen soll. Hebbel's Gestalten sind wirkliche Menschen voll Blut und Kraft, die sich von ihrer Natur getrieben an einander drängen und sich in einen schicksalsvollen Knäuel verwirren. [...] Mit Dichtern wie Hebbel kommen wir wieder zu uns selbst. Die Franzosen haben mit ihren Müttern und Töchtern aus dem Volk, mit dem ganzen Gräuel der Fäulniß ihrer Zustände auch den Grund und Boden der unteren Stände für die Kunst unterminirt, haben uns ein Element verdorben das der deutschen Muse noch vorbehalten zu sein schien. Hebbel's Trauerspiel aus der gemeinen Natürlichkeit der bürgerlichen Welt hat uns dies Element wiedererobert. Dies ist der zweite Triumph den wir an Hebbel's Dramen knüpfen. [...] Die schroffe Geschlossenheit dieser Charaktere, die schreckliche Gebundenheit ihrer Begriffe, die halsstarrige Beschränktheit dieser Natureinfalt, das sind Elemente mit denen wir oft die Eigenthümlichkeit unserer Altvorderen bezeichnen hörten. Um den alten Tischlermeister drängt sich der ganze Verlauf des Drama's, an diesem Eichstamm der nicht mürbe werden will und nicht gefällt werden kann, versucht sich der Sturm des Schicksals und dies Schicksal, aus Familienelend, Hunger, Gram und moralischem Zerwürfniß zusammengesetzt, beschwört der Alte aus seinem eignen Innern herauf. Der Gegensatz des alten Geschlechtes zu einem jüngern, das von halber Bildung erfüllt ist, vom Baume der Erkenntniß eines neuen Zeitalters nascht und sich in einer Dialektik neuer Begriffe über Religion, Ehre und Sitte versucht, dieser Gegensatz in meisterhaften Zügen und Schlägen ist der geistige Gehalt dieses Trauerspiels. Vor allem mächtig auch auf der Bühne war der erste Act; während die zwei andern in ihren Wirkungen quälerischer sind.«

Europa. Chronik der gebildeten Welt 1846. Bd. 2. 18. Lieferung. S. 79f.

Wenn auch für das Jahr 1846 noch zwei weitere Aufführungen – am 10. 12. in Köln und am 16. 12. in Danzig (mit jeweils gemischter Resonanz) – zu registrieren sind, so bedeutete dies doch keineswegs einen endgültigen Durchbruch des Stückes auf dem deutschen Theater. Hebbel bilanziert am Jahresende resigniert im Tagebuch:

»Aufgeführt wurde von mir auf verschiedenen Theatern, in Leipzig mit großem Beifall, die Maria Magdalena, doch ist kein Gedanke an weitere Konsequenzen und also die ganze Sache gleichgültig.«

Tgb. 3874, 31. 12. 1846; W IV,812.

Diese Situation veränderte sich auch nicht wesentlich durch die Aufführungen in Hamburg am 10. Juni und in Schleswig am 15. September 1847.
Rezeptionsgeschichtlich von größerer Bedeutung sind die Stellungnahmen zweier der berühmtesten Kritiker des 19. Jahrhunderts zu Hebbels Werk im Jahre 1847, Julian Schmidt und Friedrich Theodor Vischer: Der später auch als Literarhistoriker und Programmatiker des bürgerlichen Realismus bekannte Leipziger Kritiker JULIAN SCHMIDT (1818–1886), zunächst Redakteur, dann Herausgeber der einflussreichen politisch-literarischen Zeitschrift *Die Grenzboten*, wurde durch eine Reihe von Artikeln in diesem Organ zu Hebbels schärfstem Kritiker, sodass dieser sich schließlich genötigt sah, mit einer polemischen Replik – *Abfertigung eines ästhetischen Kannegießers* (1851) – zurückzuschlagen. Der erste dieser *Grenzboten*-Artikel Schmidts beschäftigt sich mit Hebbels frühen Dramen einschließlich der *Maria Magdalena* (vgl. dazu Hebbel, Tgb. 4222, 10. 7. 1847). Schmidt hebt zwar Hebbels bürgerliches Trauerspiel positiv von dessen anderen Dramen ab, gleichwohl brandmarkt er es mit dem nachhaltig wirksamen Vorwurf der bloßen Kopfgeburt (›Reflexionsdichtung‹):

»Hebbel's drittes Stück *Maria Magdalena* ist offenbar das einheitlichste Drama, was er geliefert hat, vielleicht sein Maximum. Es hat schon äußerlich den großen Vorzug, daß es nicht in einer poetischen, d.h. eingebildeten, unklaren und unbestimmten Zeit spielt, sondern in der Gegenwart, in der Beschränktheit des kleinbürgerlichen Familienlebens, das der Dichter kennt und darum auch darzustellen vermag. Hier scheint nun allerdings die Tendenz vorzuwalten, diese verhärteten Ehrbegriffe als das Abscheuliche darzustellen, an dem das frei Natürliche widerrechtlich zu Grunde geht. Es scheint aber auch nur so, denn das, woran jene beschränkte Sittlichkeit Anstoß nimmt, ist eben das Widersinnige, das Unnatürliche, diese bodenlose Willkür der Stimmung, der Reflexion, die der strengen Zucht bedarf, um gebrochen, nöthigenfalls ausgerottet zu werden. Maria Magdalena glaubt von ihrem Geliebten vernachlässigt zu sein; im Aerger darüber gibt sie ihre Jungfräulichkeit einem Andern Preis, den sie nicht liebt, ja den sie seiner ganzen Anlage nach verachten muß. Wird dieser Act etwa dadurch sittlicher, daß sie während desselben eiskalt bleibt? Daß sie darauf rechnet, jener Andere werde sie heirathen? Daß sie endlich, damit ihr Vater sich nicht wegen ihrer Schande den Hals abschneiden darf, in einen Brunnen springt! Was ist das für eine abscheuliche Welt, in die wir versetzt werden! Der Vater, ein polternder Alter im modernen Gewande, erlebt in ein Paar Tagen den Schmerz, daß sein Sohn als Dieb angeschuldigt wird, daß seine Frau darüber der Schlag rührt, daß die Tochter von ihrem Bräutigam im Stich gelassen wird, daß sie sich endlich ersäuft; er muß fühlen, daß er sie selber zu diesem Schritt durch seine Drohungen gedrängt hat, und was ist seine erste Empfindung, als er von ihrem Tod benachrichtigt wird? ›Hoffentlich hat man nicht gesehen, daß sie sich selbst getödtet hat, dann bleibt mir die Schande erspart!‹ Ich muß gestehen, daß mir einem solchen Vater gegenüber die naive Niederträchtigkeit eines Leonhard noch wie ein sittliches Ideal vorkommt.

Das ist alles Reflexion! Alles erfunden! Hebbel ist bei aller Macht seiner Phantasie im eigentlichsten Grund seiner

Schöpfung ein Verstandesdichter wie Lessing, aber ohne dessen kritischen Tact. Seine Sprache fließt nicht den natürlichen Lauf des Gefühls, das sich selber vergessen muß – sie ist antithetisch, zerbröckelt; überall scheint es, als habe der Dichter erst einen Charakter in abstracto sich erdacht, und frage sich nun in jedem bestimmten Fall: wie muß dieser sich ausdrücken? Seine Probleme kommen nicht aus dem Herzen, sie kommen aus einer durch die Reflexion befleckten Phantasie.«

Julian Schmidt: Friedrich Hebbel. In: Die Grenzboten. 6. Jg. 1847. Zit. nach: Wütschke 1910. S. 69f.

Im gleichen Jahr veröffentlicht der Tübinger Professor für Ästhetik FRIEDRICH THEODOR VISCHER (1807–1887) einen größeren (bereits 1846 verfassten) Aufsatz über Hebbel im Tübinger *Jahrbuch der Gegenwart*, dessen Schwerpunkt auf der Analyse der *Maria Magdalena* liegt. Erstmals wird hier neben dem Inhalt auch die ästhetische Struktur des Werks berücksichtigt. Darüber hinaus ist Vischers Artikel aufschlussreich im Hinblick auf die Frage, für wie repräsentativ Hebbels Zeitgenossen das in der *Maria Magdalena* verhandelte moralische Problem als spezielles Zeitproblem gehalten haben:

»Ein sehr bedeutendes Talent ist neuerdings unter uns aufgetreten, [...]. Es ist *Hebbel*. Gleich in seinen ersten Versuchen zeigte er sich als einen Geist, der berufen ist, seinen Stoff zur Tiefe einer Seelengeschichte zu durchdringen [...]. Er griff aber im Stoffe fehl und gab dadurch einen eigentümlichen Mangel seines Blicks zu erkennen, von dem er sich auch in seiner ungleich reiferen letzten Leistung keineswegs befreit hat: Mangel an Verständnis der Sitten. [...]
Rechnen wir aber dem Dichter diese ersten Fehlgriffe nicht allzu hoch an, sein drittes Werk würde uns beschämen, wenn wir es täten. Das Mißverhältnis zwischen Stoff

und Behandlung ist in der Maria Magdalena überwunden; es ist ein Stück aus unserer Welt, aus unseren Sitten, welches dieser geistreiche Maler moderner Seelenkämpfe hier zu seinem Schauplatze genommen hat. [...] Es ist ohne Frage ein produktives Werk, ein Werk, das *dadurch* Epoche macht, daß es dem bürgerlichen Trauerspiel, das an der komödischen Kleinlichkeit seiner Motive und an der grob-sinnlichen Abwägung der tragischen Gerechtigkeit hingesiecht war, einen neuen Geist eingehaucht hat. [...]
Zuerst muß ich die künstlerische Technik der dramatischen Bewegung preisen. Sie ist durchaus im wahren und echten Sinne spannend, sie schreitet, jedes Herz packend und schüttelnd, in gemessenem Gange durch die beschleunigenden und retardierenden Momente, gründlich entwikkelnd und doch sparsam, knapp, kurz, von der Exposition durch die Verwicklung zur tragischen Katastrophe fort. Insbesondere bedient sich der Dichter eines Mittels, das seine starke Wirkung hier so wenig verfehlt als in der antiken Tragödie: er setzt eine Tatsache als geschehen und motiviert sie, erklärt sie erst allmählich im Verlaufe. [...] Dieser analytische Gang sichert dem Dichter an festem Bande die volle Teilnahme des Zuschauers [...]. Es handelt sich aber hier nicht um einen bloß technischen Kunstgriff; dieses Rückwärts im Vorwärts ist zugleich geistiger, ethischer Schicksalsgang, und wie das Unglück vorwärts schreitet, wird auch die Schuld klar. Hier waltet kein rohes Schicksal, das die stumpfe Träne grobsinnlichen Mitleids mit mißhandeltem Edelmute erpreßt; alle tragen im Leiden ihre Schuld ab, die Mutter die Schuld ihrer allzu nachsichtigen Liebe gegen den Sohn, der Vater seiner stachlichten schroffen unzugänglichen Ehrenhaftigkeit; die Tochter ihrer verzweifelten Selbstwegwerfung aus Ungeduld des Herzens, das sich vom Geliebten getäuscht glaubt, der Sohn seiner ungeordneten Sitten, die einem schmählichen Verdachte recht zu geben scheinen, der Sekretär seiner gewaltsamen Tat, wodurch er ›sich von

einem, der schlechter war als er, so abhängig machte‹, und Leonhard ohnedies wird hingeschleudert, wie es ihm gehört. Die Organe dieser Handlung aber sind ebenso viele Beweise eines Geistes, der in der Charakterzeichnung wahrhaft bedeutend genannt werden muß. Insbesondere ist Tischler Anton ein mit Meisterhand entworfenes Original eines mürrischen Ehrenmannes […].

Ich hatte mir, als ich dieses Drama las (denn der Genuß, es aufführen zu sehen, war mir bis jetzt versagt), das tendenziöse Hallo, womit man es ausgetrompetet, bald aus den Ohren geschafft; ich las von Szene zu Szene fortgerissen weiter und hatte, bis ich zu den Schlußworten gelangte, den reinen Eindruck einer einfachen, menschlich allzeit wahren Grundidee, der Idee: beschränkte und schroffe Ehrenhaftigkeit macht die Verstrickung weiblichen Herzens in eine sühnbare Schuld unlösbar, richtet bei der ersten Schwierigkeit ein ganzes Familienglück zugrunde. Ich war mit diesem Inhalte befriedigt, ich brauchte nichts weiter. Nun kamen aber die Schlußworte: ›ich verstehe die Welt nicht mehr.‹ Dahinter steckt etwas, hatte ich mir nun leicht sagen; aber was? Was ist denn nach der Lehre dieses Dramas anders in der Welt geworden als sonst, welches anders Gewordene kann dieser Meister Anton nicht begreifen? […]

Nun aber die Hauptsache, die schroffen Drohungen des Vaters, die jedes Geständnis, jede Ausgleichung abschneiden: gut, da sitzt der Hauptknoten, nur finde ich darin nicht ein so modern bezeichnendes, auf einen Wendepunkt der Zeitbildung hinweisendes Moment; erstens nicht in Beziehung auf einen gewissen Stand und eine durch die moderne Zeit demselben als solchem ausdrücklich gestellte Aufgabe: denn ebenso schroff, ebenso untraktabel im Ehrenpunkt wird jeder Vater auftreten, der von herbmännlichem, hausväterlich strengem und polterndem Charakter ist, sei er nun Tischler, Soldat, Edelmann, Geistlicher oder was Anderes. […] Aber ich kann fürs zweite auch, abgesehen von der besonderen Standesfrage, die allgemeine Hinweisung auf eine solche Forderung der Zeit nicht für etwas so spezifisch Modernes halten; denn doch nicht erst von gestern ist diese Forderung, nicht so ausdrücklich erst jetzt ist sie aufgetreten, daß ein Drama, das da zeigt, wie eine Familie durch strengen und herben Geist der Ehre untergeht, während sie durch mildere Humanität zu retten war, darum so gar fürchterlich modern, so überaus zeitgeschichtlich Epoche machend, umwälzend, messianisch wäre! Nein, dieses Drama ist im Geiste seiner Zeit nur ebenso gedichtet wie jedes gute Drama, und es ist nicht sein Mangel, sondern sein Verdienst, daß es aus moderner Tendenz – bis auf die prikkelnden Schlußworte, die ich weit hinwegwünsche – keinen besonderen Lebtag macht.«

Friedrich Theodor Vischer: Zum neueren Drama. Hebbel [1847]. Zit. nach: Kritische Gänge. Bd. 6. München: Meyer & Jessen, [2]1922. S. 40 f., 43f., 46f., 49, 52 f.

Nach der Lektüre von Vischers Aufsatz notiert Hebbel erleichtert ins Tagebuch:

»Las heute Prof. Friedrich Vischers Aufsatz über mich. Er erkennt die M.[aria] M.[agdalene] fast unbedingt an und befehdet nur die Vorrede. Diesem harten, schroffen Geist so viel abgezwungen zu haben, schlage ich hoch an. Es gereicht mir zur inneren Beruhigung, denn mehr als Vischer und Rötscher brauche ich nicht, die sind mir aber auch notwendig.«

Tgb. 4192, 6. 6. 1847; W IV,883.

Der Berliner Theaterkritiker und Ästhetiker Heinrich Theodor Rötscher (1802–1871) (vgl. Kap. I, Erl. zum Vorwort) stand seit Januar 1847 mit Hebbel in freundschaftlichem Briefverkehr. Schon seit längerem war er darum bemüht, den Berliner Generalintendanten umzustimmen und eine Aufführung der *Maria Magdalena* zu erwirken. Er erreichte schließlich, dass das Stück, wenn auch nicht am Hoftheater, so doch am Königsstädter Theater gespielt werden konnte. Hier kam es am 27. April 1848 unter Rötschers dramaturgischer Betreuung auf die Bühne. Rötscher berichtet über diese Berliner Erstaufführung in den von ihm herausgegebenen *Jahrbüchern für dramatische Kunst und Literatur.* Zugleich benutzt er diesen Anlass zu einer interpretierenden Würdigung des Hebbelschen Werkes aus hegelianischer Perspektive:

»Wir haben endlich die Freude gehabt, *Maria Magdalena* von Hebbel zur Aufführung gebracht zu sehen. Es war dies längst unser lebhafter Wunsch. Die königliche Bühne hatte sich immer gegen die Darstellung dieser bürgerlichen Tragödie erklärt, was man ihr früher nicht gerade verargen konnte, da sie besonders in Betreff von Stücken, welche gegen die einmal normirten Moralbegriffe verstoßen, von direkten und indirekten Einflüssen abhing, gegen welche oft auch der beste Wille nichts vermochte. Aber es lag uns daran, dem so bedeutenden Werk doch die Schranken der Berliner Bühne zu öffnen. Es blieb zu diesem Zwecke nur die Bühne der Königstadt übrig. Der zeitige Ober-Regisseur derselben, Herr Barthels, welcher sich für das Werk sehr lebendig interessirte, kam meinem Wunsche auf das Bereitwilligste entgegen, und mein edler Freund Hebbel bot in einem Schreiben an mich gern die Hand dazu, seine Tragödie unter dem Namen ›bürgerliches Drama‹ der Königstadt zu übermachen, indem er jede etwanige Veränderung in meine Hände legte, wohl wissend, daß es mir nie einfallen würde, irgend einen zum Bau des Ganzen nothwendigen Stein aus seinen Fugen zu heben. [...]

Hebbel hat sein Drama eine *bürgerliche Tragödie* genannt. Er will den Weltgegensatz im Spiegelbilde der Familie auffangen und uns in dem besondern Fall eines beschränkten Familiengeschickes die Nerven aufzeigen, welche das gesamte gesellschaftliche Leben durchdringen. Durch den kleinen, engen Familienkreis soll ein großes Lebensgesetz durchzittern. Dies Lebensgesetz ist das Ringen der alten rigoristischen, zum *Dogma erstarrten* Moral mit dem Prinzip einer Sittlichkeit, welche sich von der hergebrachten Satzung befreien, das Handeln des Menschen bis zu seiner letzten Quelle hinauf verfolgen und die That nur aus den Wurzeln ihrer Entstehung gerichtet wissen will. Alle Moral, welche zu einem Dogma erstarrt ist, nimmt den Charakter eines *Vorurtheils* an, sie wird *kritiklos* ausgeübt und als fertiger Maßstab an die Handlungen Anderer angelegt. Wer dagegen sündigt, wird schonungslos verurtheilt, weil von diesem Standpunkte aus jede Berufung auf einen höhern Gerichtshof versperrt ist. Je starrer diese *dogmatische Moral* auftritt, je mehr sie als eine unfehlbare Lebensregel in Fleisch und Blut übergegangen ist, um so tyrannischer ist ihre Herrschaft, um so mehr entfremdet sie sich diejenigen, welche darin nicht aufgehen und ihr Handeln diesem System nicht unterwerfen können. In den Gliedern einer Familie, deren ganzer Zuschnitt eine gewisse patriarchalische Einfachheit und Strenge hat, werden diejenigen, welche mit ihren Vorstellungen aus diesem Boden herausgetreten sind, mit den Vertretern des Alten in einen unausbleiblichen Konflikt gerathen müssen, und eben so sehr durch die Härte des Moralgesetzes, als durch die Verletzung desselben leiden. Was unter andern Umständen, bei einer wirklichen Gemeinsamkeit des sittlichen Bodens aller Familienmitglieder, durch gegenseitiges Vertrauen und liebevolle Verständigung, zu einer Ausgleichung der Spannung geführt hätte, das wird bei dem Mangel eines gemeinsamen Bodens der sittlichen Weltanschauung zu einem unauflöslichen Kampfe, in welchem beide Theile an der Starrheit des dogmatischen Moralgesetzes zu Grunde gehen. [...]

Demnach erscheint auch in der Maria Magdalena die Versöhnung noch nicht in der dem absoluten Begriffe der Tragödie entsprechenden Weise als der *Triumph einer siegenden Idee*, mag sich diese im Untergang der Handelnden und dadurch Schuldigen ankündigen, oder in der Bürgschaft, welche uns die Tragödie für eine neue Ordnung der Dinge nach der Vernichtung eines entarteten Geschlechts durch die zurückbleibenden Individualitäten gewährt. Die Versöhnung in der Maria Magdalene hat mit einem Worte die Gestalt der *ehernen Nothwendigkeit, der Unvermeidlichkeit* eines solchen Ausganges des Kampfes. [...] Wir möchten das Ergebniß der Maria Magdalena mit dem Standpunkt der *Nothwendigkeit* des Schicksals vergleichen, wie er im griechischen Bewußtsein lebendig war. Dort beugte man sich dem einfachen imperatorischen: ›*Es ist so.*‹«

Heinrich Theodor Rötscher: Maria Magdalene von Friedrich Hebbel. In: Jahrbücher für dramatische Kunst und Literatur 1848. Bd. 2. S. 145–147, 152f.

Hebbel hatte sich seit seiner Ankunft in Wien im November 1845 vergeblich um eine Aufführung seiner *Maria Magdalene* am Hofburgtheater bemüht. Das Stück blieb von der Zensur verboten bis zum Revolutionsjahr 1848. Nach Aufhebung der Zensur im Gefolge der Märzrevolution kam Hebbels bürgerliches Trauerspiel dann – als eines der Ersten der vormals verbotenen Stücke – am 8. Mai 1848 im Hofburgtheater auf die Bühne. Die Aufführung, bei der Hebbels Frau Christine die Rolle der Klara spielte, war ein überwältigender Publikumserfolg (vgl. dazu Hebbel, Tgb. 4396, 9. 5. 1848). Hebbels neuer Wiener Freund, der radikaldemokratische Publizist SIGMUND ENGLÄNDER (1823–1902) hebt die theaterpolitische Bedeutung dieses Ereignisses in einem Artikel in Rötschers *Jahrbüchern für dramatische Kunst und Literatur* hervor:

»Der abstracte Gedanke, daß auch wir Österreicher die Freiheit erobert haben, wird durch jede concrete Thatsache, die als eine Äußerung der Freiheit zu betrachten ist, in uns zum lebendigen Jubelgefühl. Wie seltsam wird Jemanden, der in die Hauptstadt des Landes der Phäaken zu kommen wähnt, zu Muthe, wenn er den schrillenden Ton der Freiheit durch die kühnsten Plakate von allen Mauern herabschreien hört! Man braucht eine Scene, wie daß ein entdeckter Polizeispion vom Volke an den Pranger ausgestellt und in einem Hundewagen unter entsetzlichem Pfeifen und Miauen durch ganz Wien herumgeführt wird, man bedarf des Anblicks einer Hökerin, welche die bittersten Satyren gegen das Ministerium und die Geistlichkeit mit derselben monotonen Gelassenheit ausruft, wie früher ihre Äpfel, man braucht solche Scenen als Bestätigung, daß man wirklich nicht träume und der Strahl der Freiheit in der That auch bei uns das Leben wach geküßt habe. Eine solche Thatsache zur Bestätigung, daß wir wirklich frei geworden, war auch die *Aufführung der Maria Magdalena im Burgtheater*! Man muß nur wissen, was das *Burgtheater* früher war, um eine solche Aufführung würdigen zu können. Das Burgtheater war der große Kochtopf, in welchem die Poesie zu Muß weichgekocht wurde, es war die Privatunterhaltungsanstalt einer satten Aristokratie, die in den Schlafsesseln ihrer Logen dem tändelnden Spiele der Nebelbilder auf der Bühne zusah. Die Hochadeligen, die nach dem französischen Modenjournal frisirt waren, sahen mit Vergnügen in den Übersetzungen auch im Theater einen französischen Modeartikel vor sich. Das Volk wurde nicht anders vertreten, als durch Iffland'sche Jammerstücke, wo bei dem Logenpublikum so zu Muthe war, wie den alten Römern, wenn sie ihre Sklaven einkauften und sie früher ganz nackt betrachteten; die Aristokratie sah mit Wollust die Anatomie eines hungernden Magens und das schwere, niederdrückende Gewicht eines leeren Beutels, und lorgnettirte höhnisch die Zuschauer auf den Gallerien, die vor Scham weinten, daß das Geheimniß ihrer Stube verrathen sei. Jetzt hat das Volk wahrhaft von dieser Bühne Besitz genommen [...]. Die Aufführung der *Maria Magdalena* im Burgtheater, ohne daß eine Stelle dabei gestrichen oder verändert wurde, ist ein *politisches Ereigniß*, eine Manifestation des frei gewordenen Volkes und wird hier allgemein als Epoche machend in der Geschichte des Burgtheaters bezeichnet. Hebbel feierte dabei einen Triumph, wie er bei den schreckenden Elementen seiner Dichtung und der Gewöhnung des hiesigen Publikums an Halm'sche Syruppoesie gar nicht zu erwarten war. Er wurde nach jedem Akt stürmisch gerufen, und da stets ein Regisseur in seinem Namen dankte, so ruhte das Publikum am Schlusse mit seinen Beifallsbezeugungen nicht, bis Hebbel selbst auf der Bühne erschien und er nun dreimal unter ungewöhnlichem Applaus hervorgerufen wurde. Auch in den beiden folgenden Aufführungen wurde er jeden Abend gerufen. Gewiß wurde dieses Drama in keiner Stadt Deutschlands so ohne alle Prüderie von den Zuschauerinnen aufgenommen wie hier, und man erkannte bei dieser Gelegenheit ein gesundes, sittlich beruhigtes Publikum. Die Darstellung war meisterhaft. Schon im Allgemeinen wurde durch den gemeinsamen, verhaltenen Ton der Darstellung das Gefühl der Öde des Familienlebens in der Brust des Zuschauers geweckt. Man sah durch die lebendige Aufführung noch mehr, wie jede einzelne Person im Stücke ihre besondere Linie verfolge und davon nicht abweichen könne. Wenn die Mutter dem Meister Anton, der sie um einen Kuß bittet, erwiedert: ›Das fiel dir lange nicht mehr ein!‹ wenn der alte Tischler bei der Leiche seines Weibes sich von Klara blos schwören läßt, daß sie ihm die Linie seiner starren, bürgerlichen Ehre nicht verwischen werde, wenn Klara geht, sich in den Brunnen zu werfen, und Karl dabei ein Lied singt, welches ihm eine neue Lebensbahn in die Seele zaubert, fühlt man erschrek-

kend klar, wie jede einzelne Person einseitig ihren Weg verfolgt, und daß ein solches Familienleben, auch wenn kein specielles tragisches Ereigniß eintritt, an und für sich schon tragisch sei; man spürt gleich beim Beginn den heißen, tragischen Boden unter sich. Noch schrecklicher wird diese Empfindung dadurch, daß man jeden Augenblick in die früheren Generationen zurückblicken kann und stets dieselbe Einseitigkeit und Beschränktheit der Lebensinteressen wahrnimmt. [...]
Dem Direktor Holbein, welcher es gewagt, dem Publikum des *Burgtheaters* die Magdalena vorzuführen, weiß man es hier allgemein Dank. Die Darstellung war eine *tiefergreifende, vollständige Versinnlichung* des Trauerspiels, eine solche, die wie eine Illumination des Werkes wirkt, neue Aufschlüsse über die Dichtung selbst verschafft und nicht mehr vergessen werden kann.«

Sigmund Engländer: Die Aufführung der Maria Magdalena von Hebbel auf dem Hofburgtheater zu Wien im Mai 1848. In: Jahrbücher für dramatische Kunst und Literatur 1848, Bd. 2. S. 195f., 199.

Der Publikumserfolg der Wiener Aufführung war unbestreitbar, aber Engländers Besprechung war keineswegs repräsentativ für die Wiener Theaterkritik, die sich vielfach ablehnend äußerte. Instruktiv ist dazu Hebbels Brief an Rötscher vom 17. 5. 1848:

»Die Aufführung, sammt den ersten beiden Wiederholungen, ist nun vorüber, die vierte Repräsentation findet morgen Statt und das Schicksal des Stücks auf dem Hofburgtheater ist dahin entschieden, daß es sich ohne allen Zweifel auf dem Repertoire erhalten und, wenn ich mich nicht sehr irre, sich mehr und mehr im Publicum fest setzen wird. [...] Was nun weiter die beiden Mächte anlangt, die über ein Stück entscheiden, Publicum und Kritik nämlich, so standen und stehen sie sich fast feindlich gegenüber,

K. K. Hof- und Nationaltheater.

Montag den 8. Mai 1848,

zum ersten Male:

Maria Magdalena.

Bürgerliches Trauerspiel in drei Acten, von Friedrich Hebbel.

Die Ouverture von Herrn Kapellmeister Proch und die Entreacts von Herrn Kapellmeister Hetsch.

Personen:

Ort: Eine mittlere Stadt.

Freier Eintritt und Freibillets, mit Ausnahme der k. k. Hofbillets, sind heute ungültig.

Frau Peche, Frau Lieder und Hr. Moreau sind unpäßlich.

Anfang: 7 Uhr.

Theaterzettel der Erstaufführung *Maria Magdalena* in Wien 1848

nicht im Schauspielhause, wo eine wirksame Opposition unmöglich war und deshalb auch kaum versucht wurde, sondern außer demselben. Die Kritik, was man hier so nennt, ist gegen das Stück; sie findet es unsittlich, nicht idealisch genug, zu lebenswahr u. s. w. [...]. Ganz anders benimmt sich das Publicum. Man hatte den Leuten seit Jahren vor dem Stück bange gemacht und nun erstaunten sie, ganz das Gegenteil von dem zu finden, was sie erwartet hatten; man hörte Urtheile, wie: das soll unmoralisch seyn? das ist nur zu moralisch! So wurde denn auch, zum Aerger der Wiener Kritikaster, der Sieg auf's vollständigste erfochten und das Einzige, was die Masse noch nicht recht verdauen kann, die Versöhnungslosigkeit vom trivialen

Standpunct aus, für den die Einsicht in die Nothwendigkeit keine ist, wird ihr schon besser eingehen, wenn sie sich nur erst wieder vom Rührspiel erholt und sich an die Tragödie gewöhnt hat.«

Hebbel an Heinrich Theodor Rötscher, 17. 5. 1848; WBA I,1041 f.

Hebbels Erwartung, *Maria Magdalena* werde Repertoirestück am Wiener Hofburgtheater, erfüllte sich jedoch nicht. Zwar kam es im Jahre 1848 noch zu acht Wiederholungen. Aber Anfang 1849 wurde das Stück wieder von der Zensur verboten. Nach Aufhebung des Verbots im Sommer 1849 wurde *Maria Magdalena* noch zweimal gespielt (im August und Oktober), dann unter der Direktion in den Jahren 1849–1867 von Heinrich Laube (1806–1884) vom Spielplan abgesetzt und bis zu Hebbels Tod nicht mehr aufgeführt. Erst sechs Jahre nach Hebbels Tod wurde es in Wien für längere Zeit ins Repertoire aufgenommen.

## 2. Theaterrezeption im 20. Jahrhundert

Während Hebbels *Maria Magdalena* im letzten Drittel des 19. Jahrhunderts nur sporadisch an diversen deutschsprachigen Bühnen gespielt worden war, gelangte das Stück seit Beginn des zweiten Jahrzehnts des 20. Jahrhunderts im Gefolge der neuklassischen Hebbel-Renaissance zum endgültigen Durchbruch: Hebbels Stück gehörte fortan zum festen Repertoire aller deutschen Theater von überregionaler Bedeutung. In der Spielzeit des Jubiläumsjahres 1913 wurde es an 58 Orten 178 mal gespielt, zehn Jahre später an 49 Orten 234 mal. (Genaue statistische Angaben für den Zeitraum 1900–1930 finden sich bei Sievers 1933, S. 77.) Auch wurde Hebbels Stück zwischen 1915 und 1924 viermal verfilmt. Die Aufführungszahlen sind zwar seit 1945 deutlich rückläufig, aber *Maria Magdalena* blieb nach wie vor das meistgespielte Stück Hebbels und auch das einzige, das sich bis ins 21. Jahrhundert hinein mit durchschnittlich zwei Neuinszenierungen pro Spielzeit auf der Bühne durchgehend behaupten konnte. Im Jubiläumsjahr 1963 wurde *Maria Magdalena* überdies in einer Version als Fernsehspiel (Regie: Rudolf Noelte) im ZDF ausgestrahlt (dazu ausführlich: Sterz 1967).

Inszenierungsgeschichte ist immer auch Interpretationsgeschichte mit Zeitindex: Daraus ist ablesbar, welche Bedeutungsaspekte des dramatischen Werks jeweils für zeit- und situationsrelevant gehalten wurden. Unter diesem Gesichtspunkt sind die nachfolgenden Dokumente zur Theaterrezeption ausgewählt.

Als theatergeschichtlich herausragendes Ereignis gilt die Inszenierung der *Maria Magdalena* von Jürgen Fehling am Berliner Staatstheater im Jahr 1938 mit Käthe Gold als Klara und Friedrich Kayßler als Meister Anton. Fehlings Inszenierung stellte vornehmlich die symbolisch-überzeitlichen Aspekte des Stücks – aufgefasst als erschütternde Schicksalstragödie – heraus. Der Theaterkritiker KARL HEINRICH RUPPEL (1900–1980) gibt unter dem Titel *Vision aus dem Inferno* eine instruktive Beschreibung dieser Inszenierung:

»Nach der Aufführung von Hebbels ›Maria Magdalena‹ dauerte es im Staatstheater Minuten, bis sich der Bann von den Zuschauern löste und der Beifall losbrach. Dieses Schweigen war mehr als Ergriffenheit selbst durch unvergleichliche Kunst der Menschengestaltung. Es war die Erschütterung über das Gericht, das über eine Zeit gehalten wurde und sie mit einem erbarmungslosen Urteilsspruch verdammte. Es war das Entsetzen über die grauenhafte Nacktheit, in der sich die Angeklagte den Blicken darbot.

Käthe Gold (Klara), Lina Lossen (Mutter) und Friedrich Kayßler (Meister Anton) in der Inszenierung von Jürgen Fehling am Berliner Staatstheater, 1938

Fehling hob Hebbel auf einen Richterstuhl, auf dem ihn noch niemand gesehen hatte. Sein ›Ich verstehe die Welt nicht mehr‹, vom Meister Anton fast heulend, dann plötzlich wie erstickt hervorgewürgt, war ein Urteilstenor, den noch niemand vernommen hatte. Ein bürgerliches Trauerspiel? Nein – ein Stück aus der Apokalypse.
Die Inszenierung zeigte: wer ›Maria Magdalene‹ als reali-

stisches Drama, als tragische szenische Novelle aus einer norddeutschen Kleinbürgerwelt spielen läßt, der inszeniert das Stück nicht aus seinem dichterischen Sinn [...]. Diese verfinsterte, verkrustete Seelenwelt hat Hebbel, noch in der Erinnerung von Schauern geschüttelt, gesehen, und Fehling erspart es keinem, sie mit des Dichters Augen zu erblicken. Das Großartige seiner szenischen Konzeption liegt in der schonungslosen Konsequenz, mit der er das Trauerspiel ins Inferno wachsen läßt.
Daß alles, was naturalistisches Theater heißt, schon durch diese Konzeption radikal hinweggefegt ist, ist selbstverständlich. Fehling läßt eine Dichtung spielen, kein Lebensbild mit tragischem Ausgang. Die Einwände, die schon früh gegen die schwache psychologische Motivierung dieses in der dramatischen Technik, in der Kristallisierung der Hebbel eigentümlichen Formtendenz des ›tragischen Epigramms‹ erstaunlichen Stückes gemacht wurden, verschwinden angesichts einer Symbolgewalt der szenischen Form, die Zufälle in Schicksal verwandelt. [...]
Das Bühnenbild Cesar Kleins ist ein Monument der Enge. Ein riesiger, kahler Raum mit getünchten Wänden, dick wie Kerkermauern, aus dem ein mit knarrenden Bohlen belegter Gang in die Küche führt, darin ein schmaler langer Tisch und ein graugelb gestrichener Schrank als Mobilar – das ist Meister Antons Stube, in der moralische Grundsätze den Schmuck und das Bewußtsein unanfechtbarer Sittenstrenge das Licht bilden. Wie aus einer fremden Welt fallen ein paar Sonnenstrahlen in diese Hinrichtungszelle des Frohsinns und der Lebensfreude, in der die Türkette schlurft und rasselt, wenn jemand über die Schwelle tritt. (Wenn es das Grauen ist, das hereintritt, gellt eine Glocke, blechern und schrecklich.) [...]
Fehlings ›Maria Magdalene‹: ein grandioses Bild des Grauens. Eine Weltuntergangsvision, in die Bürgerstube eines Tischlermeisters gepreßt. Ein Theaterabend von unbarm-

herziger Wahrhaftigkeit. Ein Kunstwerk von einsamer Großartigkeit.«

Karl Heinrich Ruppel: Vision aus dem Inferno [1938]. In: Großes Berliner Theater. Velber: Friedrich, 1962. S. 142–144.

Ganz anders die Inszenierung Fritz Kortners am Berliner Schiller-Theater 1966 mit Gisela Stein als Klara und Carl Raddatz als Meister Anton. Kortner benutzte naturalistisches Dekor, um das kleinbürgerliche Milieu des 19. Jahrhunderts dem Zuschauer zu vergegenwärtigen, und betonte die sozialen Zwänge als Bedingungsfaktoren der Katastrophe. Alle ominösen Vorausdeutungen auf Klaras Tod in Hebbels Text hatte Kortner gestrichen. In einer Kritik von Ernst Wendt (1937–1986) heißt es:

»[...] Lenneweits Bühne für ›Maria Magdalene‹ ist in den Details naturalistisch; Betpult, Waschschüssel, Kleiderhaken, Spiegel und Wandsprüche, Schubladen und Tischdekken sind mit penibler Sorgfalt ausgeführt, aber ihre absichtsvolle Häufung macht einen durchaus antinaturalistischen Effekt. [...]
Hinter der auf der Bühne weit nach vorn und in die Breite gezogenen Stube des Meister Anton ragen aus dem Halbdunkel die Konturen eines Kirchturms und die Mauern eines Gefängnisbaus mit einer Justitia am Giebel. Die fast überdeutlichen Zeichen geben den Blick frei über die Stube hinaus auf die Welt, auf die Mächte, die das Leben in dieser Stube so eng machen, auf die gesellschaftlichen Gewalten, unter deren Druck die Menschen dieses Stückes seelisch verkrüppelt sind. [...]
Kortner entwickelt Hebbels Stück zu einem Ausschnitt aus deutscher Gesellschaft im vorigen Jahrhundert. Dumpf zusammengedrücktes Kleinbürgermilieu, in dem die Figuren sich am Ende selbst liquidieren. Ihre Ohnmacht ist eine selbst herbeigeführte und unbewußt noch

Gisela Stein (Klara) und Rolf Schult (Leonhard)
in der Inszenierung von Fritz Kortner am Schiller-Theater
Berlin, 1966

genossene. Sie sind feindlich zur Welt, weil sie vage ihre Unfähigkeit empfinden, die Gesellschaft, in der sie leben, auch zu prägen. Meister Antons starrköpfig verfochtenes ethisches Wertesystem interessiert Kortner darum auch nur soweit, als er demonstrieren kann, wie diese ethischen Prinzipien von der Enge einer kleinbürgerlich verkorksten Gesellschaft zu deren eigenem Untergang produziert werden. Meister Antons Pedanterie und Hartnäckigkeit, mit denen er sich eigenbrödlerisch dem Druck der Gesellschaft zu entziehen vermeint, sind in Wirklichkeit von eben dieser Gesellschaft hervorgebracht. [...]
Die Spielweise, die Kortner seinen Schauspielern aufgibt, ist aus penibelstem Realismus und beinah manieristischem Pathos gemischt. Über Minuten hin verrichten sie Alltägliches: mit unendlicher Sorgfalt wird ein Tisch gedeckt; mit ausgesuchter Bedächtigkeit, wie in einem Zeremoniell, hängt einer seine Kopfbedeckung auf den Haken neben der Tür. Den Details ist – wie immer bei Kortner – eine geradezu fanatische Aufmerksamkeit zugewandt. [...]
Das Pathos, die großangelegte Emotion, die sich auch körperlich artikuliert – in den aufgereckten Gebärden oder im zusammengedrückten Kauern und dem Rutschen am Fußboden – treiben dann plötzlich aus der erspielten Alltäglichkeit, den Pausen und Löchern und Satzbrocken und den zögernden Gängen, heraus und setzen sich bewußt ab gegen die Feinzeichnung des Hintergrundes und den schleppenden Verlauf der Aktion.«

Ernst Wendt: Komm wir wollen Spießruten laufen, straßauf, straßab! In: Theater heute 5 (1966). S. 16–18. – © Mit Genehmigung von Elke Wendt-Kummer, München.

Je weniger sich das Theater auf museale Klassikerpflege beschränken will, desto dringlicher stellt sich die Frage nach der jeweiligen Aktualität der gespielten Stücke. Schon seit den 50er-Jahren ist diese Frage von Theater-

Gisela Stein (Klara) und Rolf Schult (Leonhard)
in der Inszenzierung von Fritz Kortner am Schiller-Theater
Berlin, 1966

kritikern immer wieder gerade auch mit Blick auf *Maria Magdalena* gestellt worden. Auch GEORG HENSEL (1923–1996) stellt (und beantwortet) sie anlässlich einer Inszenierung des Stücks von Hans Bauer in Darmstadt 1968:

»Was ist diese ›Maria Magdalena‹ aus dem Jahr 1843? Eine zeitlose Tragödie? Oder ein historisch begründeter Seelenunfall? Wie soll man dies spielen, und weshalb überhaupt? Daß es mit der direkten Übertragbarkeit der Handlung auf heutige Verhältnisse und Seelenzustände, mit der äußeren Aktualität nicht weit her ist, weiß jedermann, und Fragen wie diese drängen sich auf: Welcher Vater drohte ernsthaft, sich die Kehle zu durchschneiden, weil seine Tochter ein uneheliches Kind bekommt? Und welche Tochter stürzte sich in den nächstgelegenen Brunnen, nicht einmal weil sie ein uneheliches Kind bekommt, sondern weil ihr ruppiger Vater seine Rasiermesserdrohung wahrmachen könnte? Welche Tochter, die Pille im Nachtkastl, kriegt überhaupt noch ein uneheliches Kind, und wenn schon, warum sollte sie sich deshalb umbringen? Welche Mutter sänke nach Hebbels Vorschrift – ›fällt um und stirbt‹ – entseelt zu Boden, nur weil der unbewiesene Verdacht besteht, ihr Sohn könnte gestohlen haben? [...]
Hans Bauer [...] hat Hebbel nicht amputiert, nicht zusätzlich gesellschaftskritisch motiviert noch hat er ihn ins antikische oder apokalyptische Übermaß getrieben, sondern zunächst einmal die Geschichte aus dem Jahr 1843 redlich erzählt: sie mit leicht überhöhtem Realismus aus den Charakteren entwickelt. ›Maria Magdalena‹ als Charakterdrama – wobei freilich Hans Bauer seinen Unwillen, Hebbels Charaktere auch nur ein bißchen sympathisch zu finden, gleich mitinszeniert hat. Bauer hat mit Hebbel seine Kritik an Hebbels Figuren ins Spiel gebracht. Unbeschadet seiner mangelnden äußeren Aktualität, gewinnt diese ›Maria Magdalena‹ auf der Bühne ihre eigene Glaubwürdigkeit

und eine innere Aktualität, die von der Pille unserer Tage, was sie sonst auch verhüten mag, nicht an ihrer gloriosen Abendgeburt gehindert werden kann. [...]
Wenn Hebbel meinte, daß seine Personen ›eigentlich alle recht haben‹, so könnte man, nimmt man Karl aus, nach dieser Aufführung sagen, daß sie in ihrer unglücklichen Verkrampftheit alle unrecht haben. Hans Bauer hat ›Maria Magdalena‹ inszeniert als eine Geschichte von gestern mit einer Lehre von heute. Wenn Max Noacks Meister Anton mit hilflos ausgebreiteten Armen seinen berühmten Schlußsatz spricht: ›Ich verstehe die Welt nicht mehr‹, so ist unzweifelhaft klar, daß er die Welt nie verstanden hat und niemals verstehen wird. Am Ende auch seines konsequent als Charakterdrama gespielten Trauerspiels enthüllt Hebbel seine allgemeineren Ideen, mit denen er hier, in ›Maria Magdalena‹, ausnahmsweise so sparsam umgegangen ist: die ungewollte Bösartigkeit dieser Menschen, die sich für gut halten, ist erbarmungslos zutage getreten; die Tödlichkeit eines pervertierten Christentums, eines Glaubens ohne Gnade, einer absolut gesetzten und deshalb ins Unsittliche umgeschlagenen Sitte, einer Moral ohne Liebe. Und mit dieser Lehre scheint Hebbel leider unsterblich – unabhängig von den sozialen und sexuellen Gebräuchen der Jahre 1843 oder 1968.«

Georg Hensel: Hebbels »Maria Magdalena« in Darmstadt. In: Theater heute 6 (1968). S. 18–20. – 

Franz Xaver Kroetz (geb. 1946) aktualisierte den Text als *Maria Magdalena. Komödie in drei Akten frei nach Hebbel* (1972 publiziert, 1973 in Heidelberg uraufgeführt). Kroetz' Neubearbeitung des Stoffes steht zu Hebbels Drama im Verhältnis dialogischer Intertextualität. Einerseits wird die Handlung des Hebbel'schen Trauerspiels in die Kleinbürgerwelt der 70er-Jahre des 20. Jahrhunderts transponiert, andererseits wird Hebbels Text immer präsent gehalten als Folie, vor deren Hintergrund die Gegenwartsdiagnose Profil gewinnt. Kroetz' aus 17 Bildern bestehende Version hält sich sehr genau an die Szenenfolge bei Hebbel, auch die Personenkonstellation ist die gleiche. ›Höhere Werte‹ (Religion, Ehre, Liebe) kommen in Kroetz' Version hingegen nur noch als Zitat vor. Marie (Klara), Leo (Leonhard) und Peter (Sekretär) unterscheiden sich in ihrer egoistisch kalkulierenden Denkweise wenig voneinander. Zwischen ihnen findet ein Kosten-Nutzen-Spiel statt, bei dem die schwangere Marie schließlich auf der Strecke bleibt, weil sie es versäumte, rechtzeitig eine Abtreibung vornehmen zu lassen. Auch Maries Vater – bei Kroetz ist er Besitzer eines kleinen Schuhladens – sieht in dem unehelichen Kind der Tochter lediglich ein finanzielles Problem. Am Schluss lassen sich die drei Skat spielenden Männer (der Vater, Leo und Peter) nicht aus der Ruhe bringen, als Marie verzweifelt eine Selbstvergiftung ankündigt. Für den Dialog benutzt Kroetz einen dem Bairischen angenäherten Kunstdialekt.

Dass jenseits aller aktualisierenden Umakzentuierung und Neubearbeitung auch eine textgetreue und konstruktionsgenaue Darstellung der *Maria Magdalena* auf der Bühne des späten 20. Jahrhunderts erfolgreich möglich ist, zeigte die in vielen Kritiken hochgelobte Inszenierung Benjamin Korns auf der Wiesbadener Studiobühne 1980 (mit Katalin Zsigmondy als Klara und Alfons Lipp als Meister Anton). Über diese Inszenierung berichtet Horst Köpke in der *Frankfurter Rundschau* (15. 4. 1980):

»Der Regisseur verzichtet auf jegliche Exzentrik, er hat lediglich Hebbels Text sehr genau gelesen und ihm vertraut; er hat auch sorgfältig beobachtet, wie sich die Leute benehmen, und es ist ihm gelungen, die Schauspieler dazu zu bringen, sich entsprechend zu verhalten. Das scheint wieder Mode zu werden, und deswegen mag diese Aufführ-

Walter Richter (Meister Anton) und Uwe Friedrichsen (Karl)
in der Bearbeitung des Schauspiels für das Fernsehen (ZDF), 1966
Regie: Rudolf Noelte

rung symptomatisch für einen Wandel sein. Diese langsame, stille, genaue Inszenierung erinnert an die besten Arbeiten Peter Palitzschs, verzichtet aber auf dessen Verkrampftheiten, ist im Gegenteil ganz locker, streckenweise geradezu heiter. Sie ist geradezu das Gegenstück zu der Kölner Inszenierung Hansgünter Heymes, die vor Jahren

beim Berliner Theatertreffen zu sehen war; dort wurden die Menschen nicht zufällig auf einer schrägen Ebene als vom Gesellschaftssystem Beschädigte vorgeführt. Bei Korn sind sie stinknormal, weder besonders gut noch besonders böse, sogar der Karrieremacher Leonhard, gewöhnlich als Finsterling charakterisiert; er verhält sich halt so, wie man sich verhalten muß, wenn man vorankommen will. Auch der Meister Anton des Alfons Lipp ist kein besonders harter Mann. Er weiß um die Schwächen, hat Humor. Seine Szene mit dem Schwiegersohn in spe im ersten Akt ist eine der schönsten, die ich je im Theater gesehen habe. Da sitzt er behäbig mit dem Rücken zum Publikum, schält umständlich eine Birne, teilt sie auf, gibt seinem Gesprächspartner ein Viertel, kratzt die Schalen sorgfältig zusammen, trägt sie hinaus in den Mülleimer, tut die vergessene Hälfte der Birne zurück aufs Büfett, sucht umständlich zwei Schnapsgläschen hervor, schenkt ein. Solange es ihn nicht betrifft, versteht er die Welt sehr wohl. [...]
Auch Klara, ganz die Tochter ihres Vaters, steht mit beiden Beinen im Leben. Ganz anders als seinerzeit Barbara Nüsse bei Heyme, die von Anfang an eine Gebrochene war, gibt Katalin Zsigmondy sie als resolute junge Frau; wenn sie die Ehe mit dem ungeliebten Vater ihres Kindes einginge, täte sie nur das Normale, was jede andere in ihrer Situation auch täte; noch beim Selbstmord gehorcht sie der Konvention. [...]
Die Frage, wie aktuell dieser Text noch sei, stellt sich in dieser Aufführung gar nicht ein. Es wird eine Geschichte aus vergangenen Zeiten erzählt, gewiß. Sie wird bei aller Langsamkeit so spannend erzählt, daß man gar nicht merkt, wie die Zeit vergeht. Und vermag auch heute kein Vater mehr wirksam damit zu drohen, sich die Kehle durchzuschneiden, wenn die Tochter ein uneheliches Kind bekommt, so stimmen doch die meisten anderen Verhaltensweisen der Menschen oben auf der Bühne mit denen der Zuschauer unten im Parkett immer noch überein – der Mensch kann

sich ändern, aber er ändert sich sehr widerstrebend und langsam, und seit der ersten Aufführung dieses Stücks 1846 sind noch nicht einmal 150 Jahre vergangen.«

Horst Köpke: Ehrbares Bürgertum – sehr genau beobachtet. Wiederabgedr. in: Hebbel-Jahrbuch 1981. S. 192–194. – 

Über Neuinszenierungen der *Maria Magdalena* wird (seit den 90er-Jahren kontinuierlich) unter der Rubrik ›Theaterüberblick‹ im Hebbel-Jahrbuch berichtet.

## 3. Literaturwissenschaftliche Rezeption

In der schon Ende des 19. Jahrhunderts entstandenen grundlegenden Studie zur Geschichte des »Bürgerlichen Dramas« von Arthur Eloesser (1870–1938) nimmt Hebbels *Maria Magdalena* eine prominente Stellung ein: Sie beendet die Tradition des bürgerlichen Trauerspiels. Die bürgerliche Tragödie wird zur ›Tragödie des Bürgertums‹ – wie Eloessers oft zitierte Formel lautet. Zugleich sieht Eloesser, der dem Theater der Naturalisten nahe stand, in Hebbels Stück einen Vorläufer (wider Willen) des modernen sozialen Dramas:

»In der Vorrede zur ›Maria Magdalena‹ hat Friedrich Hebbel den Verfall der bürgerlichen Tragödie dargestellt und er hat durch die That seines Werkes bewiesen, daß diese heruntergekommene Gattung durch eine tiefere Einsicht in ihr inneres Wesen wieder zur tragischen Größe emporgehoben werden könne. [...] Hebbels Kritik räumt hier etwas radikal und ohne historische Rücksichten auf. War auch der Standesunterschied in der Behandlung der Epigonen des 19. Jahrhunderts kein überzeugendes tragisches Motiv mehr, so war er es doch zur Sturm- und Drangzeit noch gewesen

[...]. Die bürgerliche Tragödie hatte im Kampfe gegen die Privilegien der herrschenden Klassen gestanden, ihre Sittlichkeit war ein Protest gegen die Sitte der Zeit; da die Bourgeoisie zu den herrschenden Klassen zu zählen beginnt, muß sie naturgemäß den alten Angriffspunkt aufgeben und in dem veränderten Bewußtsein der Gesellschaft neue Kontraste, neue Schmerzen offenbaren. Hebbel folgt dieser Entwicklung, und indem er der historischen Gattung der bürgerlichen Tragödie neues Leben zuführen will, indem er ihre letzte Möglichkeit wahrnimmt, vernichtet er sie; denn er schreibt die Tragödie *des* Bürgertums.
Friedrich Hebbel hat sich später sehr energisch gegen die von Herrmann Hettner vertretene Anschauung ausgesprochen, daß er mit seiner ›Maria Magdalena‹ der ganzen europäischen Gesellschaft den ›dramatischen Fehde-Handschuh‹ habe hinwerfen wollen. Diese falsche Auffassung schien ihm nicht aus seinem Werke sondern aus der von Felix Bamberg ihm abgepreßten Vorrede hervorzugehen, durch die er sein ›kleines Familienbild‹ vor einer Verwechslung mit Ifflandschen Nachgeburten schützen zu können glaubte. [...] Aber abgesehen davon, daß der ältere Hebbel den jüngeren hier etwas verleugnet, die historische Bedeutung dieses Trauerspiels ist immer darin zu suchen, daß die bürgerliche Moral hier nicht mehr werbend, erobernd auftritt, sondern in einer Gebundenheit und Einseitigkeit, aus der der tragische Konflikt mit Notwendigkeit hervorgeht. Sie bedeutet nicht mehr Fortschritt, Befreiung, sondern Stillstand, Unterdrückung, ihre starre Herrschaft wird zu einem äußeren Zwange, der der höheren Sittlichkeit widerspricht und die Entwicklung freier Menschlichkeit in dumpfer Enge erstickt. Der tragische Konflikt wird nicht mehr durch den Zusammenstoß zweier Klassen, zweier Weltanschauungen herbeigeführt, er erzeugt sich mit innerer Dialektik aus der bürgerlichen Welt selbst, die den ihr unterworfenen Individuen zum unentrinnbaren zerstörenden Schicksal wird. [...]

Die moralische Tendenz liegt ganz außerhalb des Dramas, es erklärt sich selbst, aber innerhalb des Ganzen wird zu seiner Erklärung nichts gesagt. Die Personen führen keinen Kampf gegen Vorurteile, sie sind ihnen gleichmäßig unterworfen, sie fügen sich alle, wie selbstverständlich, dem naturwidrigen Herkommen und durch diese gemeinsame Unterwürfigkeit tragen sie alle gleichmäßig zu ihrer gegenseitigen Vernichtung bei. [...]
Mit der ›Maria Magdalena‹ hat sich das bürgerliche Drama, einst Organ des Emanzipationskampfes, gegen das Bürgertum selbst gekehrt. [...]
Die von den Naturwissenschaften beherrschte soziologische Anschauung des 19. Jahrhunderts [...] giebt die Fiktion eines ökonomischen und moralischen Einzelwesens auf und sucht dieses als Produkt der bestimmenden Verhältnisse darzustellen, sein Denken in allen Abhängigkeitsbeziehungen vom Sein zu erklären. Dieser Entwicklung folgend beschäftigt sich die moderne Litteratur nicht mehr mit den Einwirkungen des Individuums auf die Gesellschaft, nicht mehr mit dem Helden, sondern mit der Einwirkung der Gattung auf das einzelne Wesen, dessen Entwicklung und Bildung durch sie bestimmt und begrenzt wird. Das eigentliche Objekt der Darstellung wird die Gesellschaft als die große Sünderin, auf welche alle individuelle Selbstverantwortlichkeit abgewälzt wird. Am Anfange dieser Protest- und Anklagelitteratur steht Hebbels ›Maria Magdalena‹, wenn auch nicht durch den Willen ihres Schöpfers. Sie ist ein Sturmvogel der ›humanen Revolution‹, die auf der modernen Bühne in Henrik Ibsens Dramen ihren entschiedensten Ausdruck gefunden hat, die durch die pessimistische Kritik der Gegenwart zu einem neuen, wohl geahnten aber noch unausgesprochenen Idealismus der Zukunft führt.«

Arthur Eloesser: Das Bürgerliche Drama. Berlin 1898. (Reprogr. Nachdr. Genf 1970.) S. 215–218. –

Unter einem ganz anderen Gesichtspunkt als Eloesser betrachtet GERHARD FRICKE (1901–1980) Hebbels Stück in einem zuerst als Nachwort zur Hebbel-Ausgabe 1955 erschienenen Aufsatz. Anknüpfend an die seit Anfang des 20. Jahrhunderts in der Forschung viel diskutierte Frage nach der tragischen Weltsicht Hebbels, aber in kritischer Distanz zum früher üblichen Verfahren der Systematisierung Hebbel'scher Selbstäußerungen als Grundlage der Interpretation, deutet Fricke Hebbels *Maria Magdalena* als ›hohe Tragödie‹ – verstanden als dramatische Gattung, in der Antworten auf letzte Sinnfragen in der Haltung der Helden veranschaulicht werden:

»Auf zeitgenössischer, bürgerlich-rechtlicher Ebene wiederholt *Maria Magdalene* den Vorgang, wie unbestechliche Rechtlichkeit das schwerste Unrecht hervorruft und eine ganze Familie in Schuld und Untergang stürzt. [...] Für Meister Anton ist seine Rechtschaffenheit die Burg, in der er, inmitten des Vergänglichen und Relativen, zu bestehen und zu überdauern vermag. Sinn und Wert seines Daseins beruhen darauf, daß er diese Rechtschaffenheit, die ganz oder gar nicht realisiert werden kann, rein bewahrt. Darin unterscheidet er sich von seinen idealistischen Vorfahren, daß er sich nicht mehr mit der Reinheit der *Gesinnung* und der *Absicht* begnügen kann, sondern daß alles für ihn (wie schon bei Kleist!) von der *Verwirklichung* abhängt. In dieser das Sittliche bedingungslos verwirklichenden Existenz sieht Anton *seine* Möglichkeit, dem Leben einen Sinn zu geben und es vor dem Versinken in das Erbärmliche und Nichtige zu bewahren, sieht er seine Möglichkeit, durch den Bezug auf ein Unbedingtes inmitten der alles relativierenden Determination er selber, frei, Subjekt, zu bleiben. [...] Ein Widerspruch zwischen Sein und Gesinnung müßte ihm den Boden seiner ganzen mit ungeheurer Anstrengung durchgehaltenen sittlichen Existenz entziehen. Hier, nicht aber, wie man zumeist meint, in einer despotischen und verknöcherten Kleinbürgermoral, liegen die Wurzeln seines Verhaltens. Das allein qualifiziert diese mächtige, ungebrochene Gestalt, diesen ›Helden im Kamisol‹, der für den Dichter immer mehr in die Mitte des Stückes tritt, eine tragische Existenz zu werden. [...] Wäre Anton ein starrköpfiger Haustyrann, der mit seinen veralteten Moralbegriffen seine Familie zugrunderichtet, so hätten wir es im besten Falle mit einem naturalistischen Zeitstück zu tun. Die *Tragödie* entsteht dadurch, daß er, um frei, um er selber zu sein, den Bezug zum Sittlich-Unbedingten *leben* und verwirklichen muß und daß er sich gerade dadurch in das schlimmste Unrecht verstrickt. Weil er den ›Leuten‹ gegenüber unantastbar und frei bleiben muß, macht er sich so schrecklich von ihnen abhängig. Weil er das ›*gute Gewissen*‹ aus der reinen Innerlichkeit des Idealismus herausholt und es realisiert, um darauf gegründet zu leben, darum liefert er sich selber und sein Gewissen unvermeidlich der ›*Welt*‹ aus und richtet so sich und die Seinen zugrunde. In dieser unauflöslichen Dialektik (nicht im tragischen Durchbruch einer völlig undeutlich bleibenden höheren Sittlichkeitsstufe durch eine niedere) liegt der Kern des Stücks, das, wie im Grunde alle Tragödien Hebbels, ohne Versöhnung und ohne metaphysischen Trost bleibt, das aber dem Ausgesetztsein des Menschen zwischen seinem Bedürfnis nach einer metaphysischen Sinngebung und der Erfahrung des Scheiterns jeder Realisierung des Unbedingten in der heillos gespaltenen und determinierten Welt furchtlos und wahrhaftig standhält. So trägt Anton um seiner Freiheit willen mit Aufbietung aller seiner Kräfte, ein wahrer Asket und Heiliger *seiner* Religion, das Joch der von der verachteten und durchschauten ›Welt‹ überwachten äußeren Rechtlichkeit, den ›*Mühlstein statt einer Halskrause*‹.«

Gerhard Fricke: Friedrich Hebbel und sein Zeitalter. In: Studien und Interpretationen. Frankfurt a. M.: Hans F. Menck Verlag, 1956. S. 300–302. – 

Auch Kurt Mays (1892–1959) sehr einflussreiche Deutung der *Maria Magdalena* in einem 1957 (als Umarbeitung einer Studie von 1943) erschienenen Aufsatz konzentriert sich auf den tieferen Sinn des tragischen Geschehens. Aber anders als Fricke versteht er das Stück nicht als Anton-Tragödie, sondern als Klara-Tragödie. Mit Anleihen bei der Existenzphilosophie Martin Heideggers (›Verfallenheit an das Man‹ gegenüber ›Eigentlichkeit‹) interpretiert er Klaras Selbstmord als frei gewähltes Opfer für den Vater und sieht darin die – von vielen im Stück schmerzlich vermisste – tragische ›Versöhnung‹:

»Allerdings sind Vater und Tochter abhängig von den Lebensverhältnissen ihrer kleinbürgerlichen Welt, und ihr tragisches Geschick entspringt aus dieser Gebundenheit. Aber diese Abhängigkeiten sind verschiedener Art. Sie sind so miteinander verkettet: die Tochter wählt ihren Weg in den Tod, weil sie in der Katastrophe nur noch von ihrem Vater abhängig geworden ist, d.h. von seiner Abhängigkeit, von seiner Furcht vor der Schande unter den Leuten. Die Furcht des Vaters ist die auslösende Ursache, die Liebe zum Vater aber der bewegende Grund für ihren Gang in den Tod. Die Notwendigkeiten für Vater und Tochter sind zwar gleich unbedingt, haben aber nicht den gleichen Grund, die gleiche Tiefe. Klara verdient daher, nicht nur mit ihrem Vater zusammen und von ihm her verstanden zu werden.
Ist sie denn wirklich nur ›passiv‹, ein hilfloses und willenlos getriebenes Wesen?
Sie ist von sich selbst einmal abgefallen und schlecht geworden, aber sie bleibt nicht versunken im Gemeinen. [...]
Klara aber geht wissend und wollend in ihren eigenen Tod. Sie entschließt sich zum Sterben als zu ihrer eigenen Tat. Über den letzten Augenblick ihres armen irdischen Lebens wird mit Betonung (im Text mit Sperrdruck) gesagt, sie sei nicht *hineingestürzt*, sondern *hineingesprungen*. Sie hat

dieses letzte ja gar nicht von Anfang an gewollt, sondern weiterleben, sie hat allmählich erst begreifen müssen, was unausweichlich notwendig ist. Sie weiß am Ende, daß sie fort muß und weiß, warum; und will, was sie weiß. Immer wieder kehren Wendungen zurück, wie: *ich gehe, ich werde gehen, ich komme.* Und sie stürzt nicht dahin, sie bricht nicht fluchtartig in panischem Schrecken aus einer zusammenfallenden Welt, wie etwa der Soldat Woyzeck in seiner sinnverwirrten Verzweiflung. Klara entflieht nicht wie ein gehetztes Wild; sie geht und *bringt sich dar.* Sie spürt zwar die Notwendigkeit, in der alles sich so entfalten muß, wie es geschieht. Diese Notwendigkeit kann für sie nur die Auswirkung göttlichen Willens sein, dem sie sich fügt. Aber dies Sichfügen ist kein willenloses Unterliegen, es ist eine Aktion des Einwilligens. [...]

In Meister Anton steht ein Mensch vor uns im Zustand des Verfallenseins an das Man, heillos und hilflos, ein Mensch, der, wenn er je anders war, uneigentlich geworden ist, erstarrt wie zu einem Gespenst seines selbst. In seiner Ehrauffassung verkümmert zum Sklaven des Man ist er eingeschrumpft zu einem Schein- und Zerrbild der Persönlichkeit. Die hilflose und heillose Abhängigkeit eines Mannes wie des alten Tischlermeisters läßt auf Werturteile von verkümmerter bürgerlich christlicher Moralität schließen. Dieser Held im Kamisol stellt eine in der Enge des niederdeutschen Städtchens erstarrte Entwicklungsstufe protestantisch christlicher Ethik dar, die im kleinbürgerlichen Lebenskreis verkümmert ist und in einem Zeitalter gelähmten sittlichen Empfindens und verkümmerter Frömmigkeit grassiert, eine solche, die abgelöst werden muß von einer neuen Epoche echterer, gesünderer, lebensvollerer, nämlich selbstverantwortlicher Sittlichkeit und Religiosität. Daß solche möglich seien, bezeugt die Opfertat des Mädchens. [...]

›Maria Magdalene‹ ist als Dichtung von Meister Anton die Dichtung von zeitnotbedingtem Verfallensein des mensch-

lichen Daseins an die tyrannische Herrschaft des Man. Als Drama von der Meistertochter bedeutet sie die Überwindung jener lebenvernichtenden und existenzverzehrenden Herrschaft, damit die innere Überwindung einer unecht, substanz- und leblos gewordenen Gemeinschaft durch die Entschlossenheit eines Ich, das sich in der höchsten Not zu seiner Eigentlichkeit (Selbständigkeit, Freiheit) erhebt, damit sich selbst zurückgewinnt und sich zu einem Opfer bringt, das nicht nur die Notwendigkeit, sondern auch die Möglichkeit einer wahren und echten Gemeinschaft für die Zukunft bezeugt. [...]
So wird, wenn nicht ein fertiges Bild, doch ein Grundmotiv echter Gemeinschaftlichkeit im Zusammenleben aus dem Schein- und Zerrbild einer entarteten Gemeinschaft heraus entwickelt, doch eben nicht nur im Sinn der tabula rasa, sondern der direkten Vorstellung eines lebendigen Menschen der neuen Haltung: Seht her! – So ist das Werk geworden, wie es sollte: *von niederschmetternder Gewalt* und doch *voll Versöhnung*.«

Kurt May: Hebbels »Maria Magdalene«. In: Kurt May: Form und Bedeutung. Interpretationen deutscher Dichtung des 18. und 19. Jahrhunderts. Stuttgart: Klett, 1957. S. 276–279, 283f. [3]1972 © 1957 Klett-Cotta, Stuttgart.

Im Zusammenhang mit der sozialwissenschaftlichen Umorientierung der Literaturbetrachtung in den 70er-Jahren gewinnt die Frage nach dem sozialkritischen Potential der Hebbel'schen Dramen zunehmendes Interesse. LUDGER LÜTKEHAUS (geb. 1943) trägt im Rahmen einer der ›Verdinglichungsproblematik‹ und ›Gesellschaftskritik‹ bei Hebbel gewidmeten Monographie eine konsequent sozialgeschichtlich kontextualisierte Deutung der *Maria Magdalena* vor. Dabei hebt Lütkehaus das sozialdiagnostische Potential des Textes ausdrücklich von Hebbels metaphysisch geprägten Selbstdeutungen ab. Aus dem umfangreichen Interpretationskapitel zu *Maria Magdalena* wird hier das Resümee (in seinen wichtigsten Passagen) präsentiert:

»Hebbels Tischlertragödie stellt sich im ganzen als vorwiegend kleinbürgerliches Trauerspiel mit verschiedenen historisch-sozialen und schichtenspezifischen Varianten dar. MM [*Maria Magdalena*] ist als ›Dichtung von Meister Anton die Dichtung von zeitnotbedingtem Verfallensein‹ [Kurt May] eines spätzunfthandwerklichen ›menschlichen Daseins an die tyrannische Herrschaft‹ undurchschauter gesellschaftlicher Zwänge. Die Unfähigkeit zur ›Dialectik‹, das zähe ›Beharren auf den überlieferten patriarchalischen Anschauungen‹, das Unvermögen, sich und anderen ›in verwickelten Lagen zu helfen‹ [...], ist anders, als Hebbel glaubte, nicht in sich selbst, sondern ›ganz einfach‹ in einer Lebens- und Arbeitssituation begründet, deren Sinn trotz des partiellen ökonomischen Aufstiegs (der Vater Meister Antons – Meister Anton) permanent gefährdet ist. [...]
Dem spätzunfthandwerklichen Haustyrannen mit seiner ›dialectischen‹ Impotenz werden mit Leonhard, Karl und dem Sekretär drei der ›Dialectik‹ fähige Einzelne gegenübergestellt. Für die wandlungsfähige ›Dialectik‹ des Mitgiftjägers Leonhard sind Menschen und Ideologeme ebenso willkommene wie austauschbare Mittel im gesellschaftlichen Kampf ums Dasein; die verdinglichten Menschen schrumpfen auf ihre Funktion als Tauschwertträger, auf ihre Geldseele zusammen. Dahinter stehen, ohne daß schon von kapitalistischer Konkurrenz geredet werden könnte, wie ja auch nicht der freie, sondern der obrigkeitsstaatlich gebundene Beamtenmarkt die Konkurrenzsphäre ist, die von Hebbel berufenen Existenzprobleme der ›modernen Welt‹: Der auf sich selbst verwiesene ›Einzige‹ versucht, mit dem realistischen Sinn für die ›reelle Zahl‹ begabt, sein ›Eigentum‹ zu erwerben, indem er einen völlig bindungslosen Egoismus mit einem absolut machtkonformen Opportunismus verbindet.

Scheinen Leonhards Rechenhaftigkeit und seine spezifische Vernünftigkeit mit dem ›Bürgergeist‹ verwandt, so ist bei Karl ein abenteuerlich-diffuser ›Unternehmungsgeist‹ der Impuls eines spekulativen Lebensglücksspiels mit offenem Ausgang, das die Befreiung von der Arbeitssklaverei und der masochistischen Askese der zunfthandwerklichen Welt verschaffen soll. Zielt Karls Revolte primär (nicht ausschließlich) gegen die Borniertheit des väterlichen Traditionalismus in Erwerb und Konsum, so gilt der Angriff des Sekretärs der moralischen Enge eines fremdbestimmten Pharisäismus. Die ideologisch-ethische Emanzipation verbindet sich bei ihm mit einer freieren, wenngleich nicht von Rechenhaftigkeit freien menschlichen Solidarität. Diese Rechenhaftigkeit erscheint als der gemeinsame Nenner der dargestellten Kleinbürgerwelt, bei Karl mit liberalistischem Vorgriff, bei Meister Anton noch mit zunfthandwerklichem Nachklang: Seine teils agrarisch, teils handelskapitalistisch strukturierte Metaphorik signalisiert die sozial-historische Übergangsposition.

Die Position Klaras ist zwiespältig: Der außerfamiliär wirksame ›Gedanke‹ ihres verdinglichten ›Menschentums‹ macht vor den verinnerlichten Diktaten der patria potestas halt.

Die *entschiedene* und *spezifische* Gesellschaftlichkeit des kleinbürgerlichen Trauerspiels bietet Ontologisierungs- und Abstraktionsversuchen gleich welcher Provenienz keine Grundlage: ›Enge‹ und ›Weite‹ symbolisieren nicht die dualistische Weltstruktur, sondern sind die Chiffren für eine polare historisch-soziale Situation. [...] Kein einziges Moment des kleinbürgerlichen Trauerspiels ist ›tragisch‹ im geschichtstranszendenten oder gesellschaftsunabhängigen Sinn. Die historischen Tendenzen der Hebbelschen Selbstinterpretation sind gegen seine Metaphysik zu verteidigen. Seine pantragisch-panlogischen Unschuldtheoreme werden allein dann akzeptabel, wenn man sie als moralische Entlastung der *Individuen* durch den Aufweis

ihrer sozialen *Bedingungen* versteht. Dann allerdings haben sie ihren berechtigten Sinn. [...]
Das Stück selber ist ebensowenig eindeutig. Wohl ist es als dezidiert ›bürgerliches Trauerspiel‹, wie Engländers Bericht von der Wiener Erstaufführung es zeigt, eng mit den antifeudalen Tendenzen des bürgerlichen Vormärz verbunden: Die Demokratisierung des Schicksals- und Tragödienbegriffs [...] war ein nicht nur literaturrevolutionäres Ereignis. Die adelskritischen Restbestände bei Meister Anton [...], die noch in der Tradition des zwischenständischen Kollisionsdramas stehen, bestätigen diese antifeudale Tendenz nur. Schwieriger indes ist die Frage nach dem Verhältnis des ›bürgerlichen Trauerspiels‹ zu den verschiedenen Repräsentanten des Bürgertums zu beantworten. Einerseits wird nicht nur Leonhard, sondern auch Meister Anton trotz aller gegenläufigen Verlautbarungen Hebbels in eine entschieden kritische Perspektive gerückt; partiell gilt das ebenso für Karl und den Sekretär. Obgleich MM kein ›socialistisches Tendenzdrama‹ ist, spricht es für das gesellschaftskritische Potential des Stücks, daß es von den Zeitgenossen, wie übertrieben auch immer das sein mochte, als Kampfansage, als eine Art ›Fehde-Handschuh‹ für die ›ganze Europäische Gesellschaft‹ [H. Hettner] aufgefaßt werden konnte. Auf der anderen Seite wird der Konservativismus des Autors spürbar, wenn am Schluß der Hauptcharakter, der ›eiserne Alte‹ nur verunsichert, aber nicht vom dialektischen ›Scheidewasser‹ aufgelöst wird (T. 2926), während dem allein übriggebliebenen Repräsentanten des Neuen ein vielleicht erfolgreiches, aber entweder sozial fragwürdiges oder wieder traditionalistisch rückgebundenes Schicksal bleibt.«

Ludger Lütkehaus: Hebbel. Gegenwartsdarstellung, Verdinglichungsproblematik, Gesellschaftskritik. Heidelberg: Winter, 1976. S. 94–96, 102. – 

Gattungs- und formgeschichtlich orientiert ist HARTMUT REINHARDTS (geb. 1940) umfangreiche Interpretation der *Maria Magdalena* von 1981. Reinhardt fragt nach der ›Sinnstruktur‹ der Hebbel'schen Tragödie vor dem Hintergrund der Gattungstradition des bürgerlichen Trauerspiels einerseits und der heroischen Tragödie andererseits. Er exemplifiziert dies insbesondere an Hebbels Umgang mit den Motiven des Schwurs, des Opfers und des übersteigerten Ehrgefühls. Im Unterschied zu Lütkehaus schätzt Reinhardt das sozialkritische Potential des Stückes eher gering ein, gerade weil es Hebbels Anliegen war, Anschluss an die heroische Tradition der Tragödie herzustellen:

»Das Schwur-Motiv tritt in seiner eminenten Bedeutung bei Hebbel vor dem gattungsgeschichtlichen Hintergrund hervor. Auch in ›Kabale und Liebe‹ spielt ein Eid eine wichtige Rolle: er fädelt die Intrige ein, mit der Luise und Ferdinand, die vom Stand her ungleichen Liebenden, voneinander getrennt werden sollen. [...] In ›Maria Magdalena‹ verbindet sich mit dem Schwur-Motiv ein Rollentausch, der die Not der Tochter noch vergrößert: Hier ist es nicht ein skrupelloser Intrigant, der mit Drohungen gegen den Vater den Eid erzwingt, sondern der eigene Vater, der ihn erpreßt und mit der Suizid-Drohung fürchterlich macht. [...] Klara hat sich in den Tod hineinschwören müssen.

Aus alledem ergibt sich zunächst eine entlarvende Funktion des Schwur-Motivs. Aber verfolgt man seine weitere Entfaltung im Drama, so zeigt sich noch eine andere Bewandtnis, die nicht minder wichtig ist. [...]

Das Verhältnis zum Schwören scheidet die Gestalten des Dramas in zwei Lager: Die einen, Meister Anton und Klara, wissen, daß sie mit dem Eid eine Verbindlichkeit eingehen, von der sie bis in den Tod nicht ablassen dürfen; die anderen – wie Leonhard und auch Karl, der es mit dem Worthalten nicht genau nimmt [...] – können sich leichthin über eine solche Verbindlichkeit hinwegsetzen. Zieht das Schwur-Motiv in Schillers bürgerlichem Trauerspiel eine moralische Unterscheidungslinie durch die Figurenwelt, der eine standesspezifische Differenzierung entspricht, so statuiert es in Hebbels Drama eine sphärische Trennung innerhalb der bürgerlichen Welt selbst. [...]

Mit anderen Worten: ›Maria Magdalena‹ stellt den bürgerlichen Lebenskreis keineswegs, wie es Hebbels theoretischer Anspruch erwarten läßt, als einen Block gleichartiger ›Gebundenheit‹ dar. Vielmehr wiederholt sich in der dramatischen Struktur der Standesgegensatz des älteren bürgerlichen Trauerspiels – zwar nicht mehr als soziale Stufung, aber doch als eine Hierarchie der moralischen Gesinnungen, die sich an Hand des Schwur-Motivs in ihrem Aufbau verfolgen ließ. Offenbar kommt Hebbels soziale Tragödie nicht ohne die – in Leonhard inkorporierte – bürgerliche Aufstiegs- und Profitmentalität aus, die zwar tragisch nach außen wirken kann, aber an ihr selbst jede Möglichkeit von Tragik abgewiesen hat.

Es ist bezeichnend, daß Leonhard als einzige Figur in eine Beleuchtung gestellt wird, die der Hebbelschen Tragödie – nicht nur der ›Maria Magdalena‹ – ansonsten gänzlich fremd ist, nämlich in eine satirische. [...]

Indem Meister Anton auf ehrenhafter Reputation besteht und um jeden Preis die Schande vermieden wissen will, liefert er sich – und die Familie – um der forcierten Innenbewahrung willen gerade der undurchschauten Abhängigkeit vom Außen aus, stößt er die Tochter in ihr tragisches Schicksal hinein. Klara sieht sich selbst als Opfer des Vaters, nicht als Opfer einer falschen gesellschaftlichen Moral – erst der Zuschauer kann hier ein Repräsentationsverhältnis supplieren. Alle wichtigen Stationen ihres Leidensweges in den Todesbrunnen werden durch ausdrückliche

Besinnungen auf den Vater markiert, auf seine Ehrenforderung und Selbstmorddrohung. [...]
Otto Ludwig hat in einer kritischen Bemerkung zur ›Maria Magdalena‹ Anstoß genommen an den ›vergeblichen Windungen und Krümmungen des gewissen Opfers‹, die ›nicht mehr tragisch‹, sondern ›gräßlich‹ seien. Hebbel sieht das durchaus anders. Das ist seiner Bemerkung über die Ottilie in Goethes ›Wahlverwandtschaften‹ zu entnehmen, die sich – am Ende des Vorwortes – zweifellos auch auf seine eigene tragische Heldin bezieht: Es sei ›künstlerisches Recht, ein so ungeheures Schicksal aus einer an den Oedip erinnernden Willenlosigkeit abzuleiten, da die himmlische Schönheit einer so ganz innerlichen Natur sich nicht in einem ruhigen, sondern nur im allergewaltsamsten Zustande aufdecken konnte‹ [...]. Was der Kritiker ›gräßlich‹ nennt, enthüllt demnach gerade ein inneres Potential, das anders nicht hätte sichtbar werden können. Klara soll mithin gerade in ihrer Opfer- und schließlich Todesbereitschaft als Trägerin sittlicher Humanität hervortreten. [...]
Im Namen des Vaters – und zwar des eigenen – geschieht hier alles. Bei aller Anerkennung der innerlichen Größe, die Klara in der Selbstbestimmung zur Selbstvernichtung aufscheinen läßt, bei allem Verständnis auch für den angstgetriebenen Ehrenrigorismus des Meisters Anton ist die Frage doch unausweichlich: Verdient er ein solches Opfer überhaupt? Oder tritt die Disproportionalität von Schuld und Strafe, in der Relation zum Vater gesehen, nicht vielmehr in den Anblick einer grotesken Sinnlosigkeit? [...]
Die patria potestas, die über Klaras sittliche Verinnerlichung zur Tragik führt, hat Hebbel in ihrer noch ungebrochenen Geltung durchaus der Realität des deutschen Vormärz abgesehen. [...]
Der Weg vom Vaterrecht, das Hebbel als kollektives soziales Merkmal übernimmt, zum extremen Fall des erzwungenen Selbstmordes, den das Drama darstellt, ver-

läuft allerdings nicht mehr nach einer irgendwie gearteten sozialpsychologischen Gesetzlichkeit. Das Vehikel von der Familie zur Tragik ist die Übersteigerung des Ehrbegriffs [...].
Ein ›prächtiger Kerl‹, hieß es am Anfang. Ein ›Riese‹ sei ›der Alte‹ geworden, heißt es nach Abschluß des Dramas. [...] Der Grund für Hebbels Kommentarhaltung liegt auf der Hand: Es galt im Raum des kleinbürgerlichen Milieus den Anschluß an die heroische Tradition der Gattung zu schaffen, und dies konnte nur gelingen durch Überdehnung des bürgerlich ausgewiesenen Ehrbegriffs in ein exzeptionelles Format, das ihn allererst tragödienfähig macht.
Der Alte bleibt ›fest, (...) bis zu Ende‹, bis zu seinem berühmten Fazit: ›Ich verstehe die Welt nicht mehr!‹ [...]. Trotz der aufwühlenden – und doch wahrhaft nicht unberechtigten – Anklage des Sekretärs scheint Meister Anton, während er die Leiche der Tochter in die Hinterstube tragen läßt, von einem innerlichen Schuldbekenntnis weit entfernt. Im Ausbleiben einer persönlichen Erschütterung reckt sich ein Heroismus des Schicksalstragens auf, der Anspruch auf Bewunderung erheben soll, aber auch das Stigma der Erkenntnislosigkeit zeigt. Beides ist so gegeneinander balanciert, daß sich nicht das eine in das andere auflösen läßt, sondern vielmehr die Schwebestruktur selbst als die vom Dichter gewollte Sinnstruktur begriffen werden muß. [...]
Ein Dilemma wird sichtbar, das nicht die – seit Vischer vielbewunderte – analytische Struktur dieses Dramas betrifft, sondern die sozialanalytische Kapazität, die durch sie ermöglicht werden soll. Natürlich kann keine Rede davon sein, daß Hebbels Darstellungsweise auch nur den kleinsten versöhnlichen Schimmer auf die patriarchalisch geregelten Zustände im kleinbürgerlichen Tischlerhause würfe. Aber das Prinzip selbst, die patria potestas, wird nicht einer prinzipiellen Kritik unterworfen, sondern am

Ende in der Position einer tragischen Selbstbehauptung des ›Helden‹ eher wieder befestigt.«

Hartmut Reinhardt: Friedrich Hebbel: Maria Magdalena. In: Harro Müller-Michaels (Hrsg.): Deutsche Dramen, Interpretationen zu Werken von der Aufklärung bis zur Gegenwart. Bd. 1. Von Lessing bis Grillparzer. Frankfurt a. M.: Athenäum Verlag, [3]1994. S. 174–177, 179f., 182, 184–189. – 

# V. Texte zur Diskussion

Ein in der Rezeptionsgeschichte der *Maria Magdalena* immer wieder anklingendes, für Kritik, Inszenierung und Interpretation gleichermaßen relevantes Problem liegt in dem Verhältnis von tragischer Anlage und sozialem Gehalt des Stückes. Was bedeutet es, dass Hebbel sein bürgerliches Trauerspiel ausdrücklich als ›Tragödie‹ konzipiert hat? Ist die Form der Tragödie überhaupt geeignet zur dramatischen Darstellung sozialer Probleme? Zu diesen Fragen wird hier abschließend eine Stellungnahme zur Diskussion gestellt.
In einem viel beachteten und mancherlei Widerspruch provozierenden Essay *Friedrich Hebbels tragischer Historismus* (1975) vertritt HEINZ SCHLAFFER (geb. 1939) die These, bei Hebbel bestimme der Formzwang der Tragödie die Ausgestaltung des jeweiligen Inhalts. Dieser gerate daher notwendigerweise aufklärungsfeindlich. Schlaffer bezieht sich auf Hebbels Tragödien insgesamt und knüpft insbesondere an dessen Vorliebe für historisch fernliegende und mythische Stoffe an. Eigentlich brisant wird Schlaffers These aber erst dadurch, dass das bürgerliche Trauerspiel ausdrücklich mit einbezogen wird:

»Daß Ort und Zeit der Hebbelschen Dramen möglichst weit von der Gegenwart abgerückt sind, ist keine Äußerlichkeit, keine bloße Frage der Kulisse, sondern innere Bedingung des tragischen Aufbaus (daß *Maria Magdalene*, vom Untertitel als ›bürgerliches Trauerspiel‹ klassifiziert, nur eine scheinbare Ausnahme macht, wird noch zu zeigen sein). Wie die Tragödienform aus dem archaischen Inhalt lebt, erhellt exemplarisch die Gestalt Rhodopes, der Hauptverantwortlichen für den tragischen Ausgang von *Gyges und sein Ring* [...]. Aus Rhodopes Zurückgebliebenheit, die Hebbel durch ihre prähistorische Herkunft motiviert hat, gewinnt er die Möglichkeit zu einer ›tragischen‹ Handlung.

Nur wenig abgewandelt, lösen in den anderen Tragödien archaische Motive das Unheil aus: Sippendenken und Blutrache (*Die Nibelungen*), strikte Andersartigkeit von Mann und Frau, denen keine Verständigung gelingen kann (*Herodes und Mariamne*), legendäres Gegeneinander von Heiligkeit und Teufelei (*Genoveva*), mittelalterlicher Hexenwahn (*Agnes Bernauer*). Solche Motive dominieren noch in der angeblich aktuellen *Maria Magdalene*; ihre Personen sind in Analphabetismus, Bigotterie, Aberglauben, Sündenangst und starren Moralbegriffen gefangen, also in einem Zustand, der die Struktur einer überholten Frühzeit in die Gegenwart fortführt. Die soziale Exotik des Kleinbürgertums hat hier die Funktion der historischen Exotik, der mythischen Zwänge übernommen, die den übrigen Dramen tragische Entwicklung garantiert hatten.

Archaik der Frühe und Archaik der Gegenwart kommen für Hebbel darin überein, daß sie sich außerhalb des zeitgenössischen Bewußtseins halten. In ihm erkennt er eine Denkweise, die der Form wie den inhaltlichen Implikationen der Tragödie nicht günstig gesonnen ist. ›Aufklärung‹ müßten wir dieses gemiedene Prinzip eines untragischen Lebens bereits aus dem entschiedenen Gegensatz zu dem dunkel-dumpfen Milieu nennen, in das Hebbel die Figuren seiner Stücke einsperrt, wäre damit nicht in der Tat die zentrale Ideenbewegung der Neuzeit bezeichnet, die mit dem 18. Jahrhundert einen Höhepunkt, aber noch lange nicht ihr Ende erreicht hat. Aufklärung erkennt die prinzipielle Veränderbarkeit aller Verhältnisse und hält die Vernunft zu deren konkreter Veränderung an; selbst angesichts von Leid und Unglück glaubt sie nicht, daß sie unausweichlich seien – keine literarische Form muß solchem Denken fremder sein als die Tragödie. […]

Selbst die letzte Gestalt des Trauerspiels, die bürgerliche, wird von Hebbel nicht aus ihrem nahen Inhalt begriffen, dem emanzipatorischen Interesse der bürgerlichen Klasse. Denn – wie er theoretisch und praktisch in *Maria Magdalene* zeigte – Hebbel ließ den Sonderfall des bürgerlichen Trauerspiels nur unter der Bedingung zu, ›daß auch im eingeschränktesten Kreis eine zerschmetternde Tragik möglich ist, wenn man sie nur aus den rechten Elementen, aus den diesem Kreis selbst angehörigen, abzuleiten versteht‹ (*Tagebuch*, Nr. 2910). Bereits die Formulierung, ›daß (...) Tragik möglich ist‹, erhellt das Primat des Willens zur Tragödie, der nach tragischen Stoffresten sucht, gegenüber der Frage, ob die Tragödie überhaupt angemessener Ausdruck der geschichtlichen Situation und Bewegung sein könne. Wird aber die Priorität auf die Seite der Form gesetzt, so verliert das bürgerliche Trauerspiel gänzlich seine ihm eigene sozialkritische Tendenz; denn der Autor hat ein zu großes Interesse an der Erhaltung der Enge im Elend – die einzig ihm tragische Umstände liefert –, als daß er eine historische Änderung zum Vernünftigen hin propagieren dürfte. Von Lessing – man denke an den problematischen fünften Akt der *Emilia Galotti* – über Schiller bis zu Hebbel gerät der aufklärerische Ursprung des bürgerlichen Trauerspiels in dem Maß in Vergessenheit, wie es unter dem Gesichtspunkt der reinen Tragödie interpretiert und umgeformt wird; Katharsis stellt sich wieder ein, wo Protest stehen sollte; aufs Schicksal heroischer Gestalten soll sich ein Interesse richten, das anfangs dem sozialen Grund menschlichen Verhaltens gegolten hatte. Mit dem Bösen der Klassengegensätze versöhnt ihr literarischer Vorzug, das Formgebot der Tragödie zu erfüllen. Eher in gattungspoetischen als in politischen Motiven scheint deshalb Hebbels restaurative Einstellung begründet; daß er ›die vorhandenen Institutionen des menschlichen Geschlechts, die politischen, religiösen und sittlichen, nicht umstürzen, sondern tiefer begründen, sie also vor dem Umsturz sichern will‹, hat seinen Zielpunkt in der Hoffnung auf eine ›neue‹, in Wahrheit uralte ›Form der Menschheit, in welcher alles wieder an seine Stelle treten, in welcher das Weib dem Manne wieder gegenüberstehen wird, wie dieser der Gesellschaft, und wie die Gesellschaft der Idee‹, wo also tragische Unausgleichbarkeit und damit die Form Tragödie wiedererstanden und Rechtens wären. Hebbel entwirft die konservative Utopie des Mythologen.«

Heinz Schlaffer: Friedrich Hebbels tragischer Historismus. In: Hannelore Schlaffer / Heinz Schlaffer: Studien zum ästhetischen Historismus. Frankfurt a. M.: Suhrkamp, 1975. S. 121 f., 131 f. – 

# VI. Literaturhinweise

## 1. Ausgaben

Friedrich Hebbel. Maria Magdalene. Ein bürgerliches Trauerspiel in drei Akten. Nebst einem Vorwort betreffend das Verhältniß der dramatischen Kunst zur Zeit und verwandte Puncte. Hamburg: Hoffmann und Campe 1844.
Friedrich Hebbel. Sämtliche Werke. Historisch kritische Ausgabe. Besorgt von Richard Maria Werner. 1. Abt.: Werke. 12 Bde. (1901–03); 2. Abt.: Tagebücher. 4 Bde. (1903–04); 3. Abt.: Briefe. 8 Bde. (1904–07). Berlin: Behr, 1901–07. (3. Aufl. 1911–1920 = Säkularausgabe)
Friedrich Hebbel. Werke. Hrsg. von Gerhard Fricke, Werner Keller und Karl Pörnbacher. 5 Bde. München: Hanser, 1963–67. [Zit. als: W.]
Friedrich Hebbel. Briefwechsel 1829–1863. Historisch-kritische Ausgabe in fünf Bänden. Hrsg. von Otfried Ehrismann, U. Henry Gerlach, Günther Häntzschel, Hermann Knebel, Hargen Thomsen. München: Iudicium, 1999. (Wesselburener Ausgabe) [Zit. als: WBA.]

## 2. Bibliographie

Gerlach, U. Henry: Hebbel-Bibliographie 1910–1970. Heidelberg 1973.
Fortsetzungen der Bibliographie bis 1990 in: Hebbel-Jahrbuch 1983, 1986, 1992.

## 3. Forschungsbeiträge

Anders, Hans-Joachim: Zum tragischen Idealismus bei Friedrich Hebbel. In: Reinhold Grimm (Hrsg.): Deutsche Dramentheorien. Bd. 2. Wiesbaden $^{2}$1978. S. 323–344.
Bamberg, Felix: *Maria Magdalena*, ein bürgerliches Trauerspiel von Friedrich Hebbel. Eine Würdigung der Tragödie. In: Jahr-

bücher für dramatische Kunst und Literatur 1 (Berlin / Frankfurt a.d.O. 1848). S. 135–150. [Auch in: Wütschke 1910, S. 156–180.]

Beer, Oskar: Hebbels Judith und Maria Magdalena im Urteil seiner Zeitgenossen. Freiburg 1909.

Berg, Jan: Friedrich Hebbel: *Maria Magdalena* und die Bearbeitung von Franz Xaver Kroetz. In: Jan Berg / Günther Erken (Hrsg.): Von Lessing bis Kroetz. Einführung in die Dramenanalyse. Kursmodelle und sozialgeschichtliche Materialien für den Unterricht. Kronberg i. Ts. 1975. S. 43–67, 234 f.

Bornstein, Paul (Hrsg.): Friedrich Hebbels Persönlichkeit. Gespräche, Urteile, Erinnerungen. 2 Bde. Berlin 1924.

Denkler, Horst: Restauration und Revolution. Politische Tendenzen im deutschen Drama zwischen Wiener Kongreß und Märzrevolution. München 1973.

Diebold, Edmund: Friedrich Hebbel und die zeitgenössische Beurteilung seines Schaffens. Berlin/Leipzig 1928.

Dosenheimer, Elise: Das deutsche soziale Drama von Lessing bis Sternheim. Konstanz 1949.

Eloesser, Arthur: Das Bürgerliche Drama. Seine Geschichte im 18. und 19. Jahrhundert. Berlin 1898.

Estermann, Alfred: Die Verfilmung literarischer Werke. Bonn 1965.

Fenner, Birgit: Friedrich Hebbel zwischen Hegel und Freud. Stuttgart 1979.

Fetzer, John: Water Imagery in Maria Magdalena. In: The German Quarterly 43 (1970) H 4. S. 715–719.

Fischer, Walter: Hebbel, Maria Magdalene. Frankfurt a. M. / Berlin / Bonn / München $^{3}$1967.

Fricke, Gerhard: Friedrich Hebbel und sein Zeitalter. In: G. F.: Studien und Interpretationen. Frankfurt a.M. 1956. S. 258–309.

Frisch, Helga: Symbolik und Tragik in Hebbels Dramen. Bonn $^{2}$1963.

Frühwald, Wolfgang: Die Ehre der Geringen. Ein Versuch zur Sozialgeschichte literarischer Texte im 19. Jahrhundert. In: Geschichte und Gesellschaft 9 (1983) S. 69–86.

Garland, Mary: Hebbel's Prose Tragedies. An Investigation of the Aesthetic Aspect of Hebbel's Dramatic Language. Cambridge 1973.

Ginolas, Marlen: Hebbels Beschäftigung mit Lessings bürgerlichem Trauerspiel. In: Günter Hartung (Hrsg.): Beiträge zur Lessing-Konferenz. Halle a. d. S. 1979. S. 61–78.

Glaser, Horst Albert: Hebbels Dramen und Dramentheorie. In: H. A. Glaser (Hrsg.): Deutsche Literatur. Eine Sozialgeschichte. Bd. 7. Reinbek 1982. S. 324–344.

Glenn, Jerry H.: The Title of Hebbel's Maria Magdalena. In: Papers on Language and Literature. Southern Illinois Univ. III/2 (1967) S. 122–133.

Grange, Jacques: Les réminiscences bibliques dans *Maria Magdalene* de Friedrich Hebbel. In: Études Germaniques 1974. S. 353–359.

Grundmann, Hilmar: Klassische Literatur im Deutschunterricht – kritische Anmerkungen und ein praktisches Beispiel. Oder: Worin Schüler den Nutzen sehen sich mit *Maria Magdalena* zu beschäftigen. In: Hebbel-Jahrbuch 1978. S. 181–212.

Guthke, Karl S.: Das deutsche bürgerliche Trauerspiel. Stuttgart $^{3}$1979.

Häntzschel, Günter: Christian Friedrich Hebbel: *Maria Magdalena*. In: Dramen des 19. Jahrhunderts. Stuttgart 1997. S. 234–252.

Hein, Edgar: Friedrich Hebbel, Maria Magdalena. München 1989.

Hettner, Hermann: Das moderne Drama. Ästhetische Untersuchungen. Braunschweig 1852.

Kaiser, Herbert: Friedrich Hebbel. Geschichtliche Interpretation des dramatischen Werks. München 1983.

Keller, Mechthild: Studien zu Hebbels dramatischer Technik. Diss. Köln 1975.

Knobloch, Hans-Jörg: Hebbel, Un-Hebbel oder Anti-Hebbel? Die Hebbel-Bearbeitungen von Franz Xaver Kroetz. In: Hebbel-Jahrbuch 1997. S. 151–168.

Kraft, Herbert: Poesie der Idee. Die tragische Dichtung Friedrich Hebbels. Tübingen 1971.

Kreuzer, Helmut: Die Tragödien Friedrich Hebbels. Versuch ihrer Deutung in Einzelanalysen. Diss. Tübingen 1956.

Kuh, Emil: Biographie Friedrich Hebbel's. Wien 1877.

Kurscheid, Georg: *Maria Magdalena* – Hebbels bürgerliches Trauerspiel in der Bearbeitung von Franz Xaver Kroetz. In: Wirkendes Wort 32 (1982) S. 405–418.

Liebenstein-Kurz, Ruth von: Stundenblätter Hebbel *Maria Magdalene*, Kroetz *Maria Magdalena*. Stuttgart 1985.

Liepe, Wolfgang: Friedrich Hebbel. Weltbild und Dichtung. In: Hebbel-Jahrbuch 1960. S. 7–26.

Luserke, Matthias: Gewalt statt Katharsis – ein Paradigmenwechsel? Die Agonie des Bürgerlichen Trauerspiels in Hebbels *Maria Magdalena*. In: Günther Häntzschel (Hrsg.): »Alles Leben ist Raub«. Aspekte der Gewalt bei Friedrich Hebbel. München 1992. S. 139–149.

Lütkehaus, Ludger: Hebbel – Gegenwartsdarstellung, Verdinglichungsproblematik, Gesellschaftskritik. Heidelberg 1976.

– Friedrich Hebbel, *Maria Magdalena*. München 1983.

Martini, Fritz: Deutsche Literatur im bürgerlichen Realismus II. Das Drama. Stuttgart [4]1981. [Zu Hebbel S. 130–186.]

Matthiesen, Hayo: Friedrich Hebbel in Selbstzeugnissen und Bilddokumenten. Reinbek 1970.

May, Kurt: Hebbels *Maria Magdalene*. In: K. M.: Form und Bedeutung. Interpretationen deutscher Dichtung des 18. und 19. Jahrhunderts. Stuttgart 1957. S. 273–298.

McInnes, Edward: *Maria Magdalena* and the Bürgerliches Trauerspiel. In: Orbis Litterarum. International Review of Literary Studies 28 (1973) S. 46–67.

– German social drama 1840–1900. From Hebbel to Hauptmann. Stuttgart 1976.

Meetz, Anni: Friedrich Hebbel. Stuttgart [3]1973.

Michelsen, Peter: Hebbels *Maria Magdalene*. In: Blätter des Deutschen Theaters in Göttingen H 91 (1955/56). [Unpag.]

Müller, Joachim: Zur motivischen und dramatischen Struktur von Hebbels *Maria Magdalena*. In: Hebbel-Jahrbuch 1968. S. 45–76.

Niven, William John: The reception of Friedrich Hebbel in Germany in the era of National Socialism. Stuttgart 1984.

Nölle, Volker: Die patrenale Zeichensprache in Hansgünther Heymes Inszenierung der *Maria Magdalena* (am Beispiel der Szene I/6). In: Hebbel-Jahrbuch 2002. S. 165–185.

Pilling, Claudia: Hebbels Dramen. Frankfurt a. M. [u. a.] 1998.

Reinhardt, Hartmut: Friedrich Hebbel. *Maria Magdalena*. In: Harro Müller-Michaels (Hrsg.): Deutsche Dramen. Interpretationen zu Werken von der Aufklärung bis zur Gegenwart. Bd. 1. Königstein i. Ts. 1981. S. 170–199.

– Apologie der Tragödie. Studien zur Dramatik Friedrich Hebbels. Tübingen 1989.

Ritter, Wolfgang: Hebbels Psychologie und dramatische Charaktergestaltung. Marburg 1973.
Ritzer, Monika: Tragödie und Realismus: Zur Aktualität der Gattung in der Jahrhundertmitte. In: Hebbel-Jahrbuch 1996. S. 7–32.
Rötscher, Heinrich Theodor: Maria Magdalene von Fr. Hebbel. In: Jahrbücher für dramatische Kunst und Literatur. Berlin / Frankfurt a. d. O. 1848. Bd. 2. S. 145–154. [Auch in: Wütschke 1910. S. 188–203.]
Schaub, Martin: Friedrich Hebbel. Velber 1967.
Scheuer, Helmut: »Dein Bruder ist der schlechteste Sohn, werde du die bessere Tochter!« Generationenkonflikte in Hebbels ›bürgerlichem Trauerspiel‹ *Maria Magdalena* (1844). In: Deutschunterricht 5 (2000) S. 27–35.
Scheunert, Arno: Der Pantragismus als System der Weltanschauung und Ästhetik Friedrich Hebbels. Hamburg 1913.
Schlaffer, Heinz: Friedrich Hebbels tragischer Historismus. In: Hannelore Schlaffer / Heinz Schlaffer: Studien zum ästhetischen Historismus. Frankfurt a. M. 1975. S. 121–139.
Schütze, Peter: Der Tod im Birnbaum. Das Bild der Menschengeschichte in Friedrich Hebbels *Maria Magdalena*. In: Hebbel-Jahrbuch 1981. S. 153–186.
– Friedrich Hebbel und das heutige Theater. In: Hebbel-Jahrbuch 1982. S. 9–35.
Sengle, Friedrich: Biedermeierzeit. Deutsche Literatur im Spannungsfeld zwischen Restauration und Revolution 1815–1848. Bd. III. Stuttgart 1980. [Zu Hebbel: S. 332–414.]
Sievers, Hartwig: Hebbels *Maria Magdalene* auf der Bühne. Ein Beitrag zur Bühnengeschichte Hebbels. Berlin/Leipzig 1933 (Hebbel-Forschungen 23)
Stern, Martin: Das zentrale Symbol in Hebbels *Maria Magdalene*. In: Helmut Kreuzer (Hrsg.): Hebbel in neuer Sicht. Stuttgart 1963. S. 228–246.
Sterz, Erika: Hebbel als Dramatiker für das Fernsehspiel. In: Hebbel-Jahrbuch 1967. S. 117–141.
Streller, Siegfried: Die Wandlung des bürgerlichen Trauerspiels bei Friedrich Hebbel. In: Hans-Günther Thalheim / Ursula Wertheim (Hrsg.): Studien zur Literaturgeschichte und Literaturtheorie. Berlin (DDR) 1970. S. 101–115 und 344 f.
Vischer, Friedrich Theodor: Zum neueren Drama. Hebbel [1847].

In: F. Th. V.: Kritische Gänge Bd. 6. Hrsg. von Robert Vischer. München ²1922. S. 39–56.

Walzel, Oskar: Friedrich Hebbel und seine Dramen. Leipzig/Berlin ³1927.

Wang, Jian: Das Tragische bei Hebbel – eine textimmanente Kategorie. Zur Inszenierung des Tragischen in *Maria Magdalena*. In: Hebbel-Jahrbuch 2002. S. 139–163.

Wiese, Benno von: Die deutsche Tragödie von Lessing bis Hebbel. Hamburg ⁶1964. [1. Aufl. 1948.]

Wittkowski, Wolfgang: Der junge Hebbel. Zur Entstehung und zum Wesen der Tragödie Friedrich Hebbels. Berlin 1969.

– Klara und Mariamne. Kleinstädterin und Königin. In: Hilmar Grundmann (Hrsg.): Friedrich Hebbel. Neue Studien zu Werk und Wirkung. Heide 1982. S. 147–158.

Wütschke, Friedrich: Friedrich Hebbel in der zeitgenössischen Kritik. Berlin 1910.

Ziegler, Klaus: Mensch und Welt in der Tragödie Friedrich Hebbels. Berlin 1938.

Zincke, Paul: Die Entstehungsgeschichte von Friedrich Hebbels *Maria Magdalena*. Prag 1910.

## 4. Literatur zur Sozialgeschichte

Ehmer, Josef: Soziale Traditionen in Zeiten des Wandels. Arbeiter und Handwerker im 19. Jahrhundert. Frankfurt a. M. / New York 1994.

Fischer, Wolfram: Quellen zur Geschichte des deutschen Handwerks. Göttingen 1957.

Nipperdey, Thomas: Deutsche Geschichte 1800–1866. Bürgerwelt und starker Staat. München 1983.

Riehl, Wilhelm Heinrich: Die bürgerliche Gesellschaft. Stuttgart/Tübingen ²1854. (Die Naturgeschichte des Volkes als Grundlage einer deutschen Social-Politik Bd. 2.)

Rosenbaum, Heidi: Formen der Familie. Untersuchungen zum Zusammenhang von Familienverhältnissen, Sozialstruktur und sozialem Wandel in der deutschen Gesellschaft des 19. Jahrhunderts. Frankfurt a. M. 1982.

Rumpf, Johann Daniel Franz: Der Haus-, Brot- und Lehrherr in seinen ehelichen, väterlichen und übrigen hausherrlichen Ver-

hältnissen gegen Gesinde, Gesellen und Lehrlinge. Nach allgemeinen und insbesondere nach Preußischen Gesetzen. Berlin 1823.
Stadelmann, Rudolf / Wolfram Fischer: Die Bildungswelt des deutschen Handwerkers um 1800. Studien zur Soziologie des Kleinbürgers im Zeitalter Goethes. Berlin 1955.
Stürmer, Michael (Hrsg.): Herbst des Alten Handwerks. Meister, Gesellen und Obrigkeit im 18. Jahrhundert. München 1979.
Treue, Wilhelm: Gesellschaft, Wirtschaft und Technik Deutschlands im 19. Jahrhundert. München ²1977.
Zunkel, Friedrich: Art. ›Ehre, Reputation‹. In: Otto Brunner / Werner Conze / Reinhart Koselleck (Hrsg.): Geschichtliche Grundbegriffe. Historisches Lexikon zur politisch-sozialen Sprache in Deutschland. Bd. 2. 1975. S. 1–63.

## 5. Bearbeitung / Inszenierung

Kroetz, Franz Xaver: Maria Magdalena. Komödie in drei Akten frei nach Friedrich Hebbel. In: F. X. K.: Oberösterreich, Dolomitenstadt Lienz, Maria Magdalena, Münchner Kindl. Frankfurt a. M. 1974. S. 89–147.
Hebbel: Maria Magdalena. [Ausschnitte aus der Inszenierung von Hansgünter Heyme an den Städtischen Bühnen Köln.] München: Institut für Film und Bild in Wissenschaft und Unterricht 1978. (Videoband 410070)

# VII. Abbildungsnachweis